CB077107

# Teorias da Administração
## de Empresas

Coleção ELOS
Dirigida por J. Guinsburg

Equipe de realização — Revisão: Angelica Dogo Pretel e Vera Lucia Bolognani; Artes: Marly Orlando Grieco; Programação visual: A. Lizárraga; Produção: Plínio Martins Filho.

**Carlos Coradi**

# Teorias da Administração de Empresas

**EDITORA PERSPECTIVA**

© Editora Perspectiva, 1977.

Direitos reservados à
EDITORA PERSPECTIVA S.A.
Av. Brigadeiro Luís Antônio, 3025
01401 — São Paulo — Brasil
Telefone: 288-8388
1978

# SUMÁRIO

Prefácio .................................... 11
Plano da Obra ............................. 13

## AS PRINCIPAIS TEORIAS DE ADMINISTRAÇÃO

1. Primórdios das Teorias de Administração ....... 19
2. Taylor e os Princípios da Administração Científica 21
3. Fayol e a Universidade dos Princípios de Administração ................................. 27
4. A Escola de Relações Humanas: Elton Mayo ... 35
5. O Modelo Weberiano ....................... 41
6. A Escola dos Sistemas Sociais: Barnard ........ 45
7. A Teoria da Decisão: Simon .................. 61
8. A Escola Matemática ....................... 73
9. Conclusões ................................ 77
    Bibliografia ............................... 81

*Para A. Jacob Lafer*

# PREFÁCIO

Parece-nos importante, antes que o leitor tenha iniciado seu estudo, que os propósitos deste livro fiquem convenientemente esclarecidos.

Esta obra pretende ser, essencialmente, introdutória e se destina àqueles que estão iniciando sua aprendizagem no campo de Administração de Empresas.

É verdade que, com ela, contudo, já esperamos dar ao leitor que busca não apenas conhecimentos acadêmicos, mas também caminhos visando à prática, algum preparo para possibilitar sua ação mais eficiente nas empresas.

Dado o caráter introdutório da obra, ela absolutamente não esgota o assunto, o qual hoje é tão vasto que poderia perfeitamente absorver uma vida inteira de estudos, sem que se chegasse ao seu término.

Contudo, os principais autores que, em nossa opinião, precisam ser conhecidos para quem queira fazer carreira profissional no campo das empresas estão tratados nesta obra. O estudante que se inicia neste assunto poderia talvez se sentir um pouco frustrado ao ter que ler coisas escritas por autores do século passado: contudo, boa parte dos procedimentos atuais das empresas, no que diz respeito às técnicas de gestão se baseiam na abordagem que Henry Fayol criou no final do século XIX. Portanto, o seu estudo tem um sentido prático muito forte.

Outra observação que nos parece importante ao leitor que faz suas primeiras incursões na matéria é a idéia do desenvolvimento cronológico que as teorias de administração de empresas sofreram. Houve uma verdadeira evolução, não ocorreram transformações radicais. Ainda em nossos dias, passados já oitenta anos dos primeiros ensaios da matéria, diferentes correntes de pensamento continuam a coexistir e a se superpor, exigindo do estudioso do assunto ou do profissional cuidadoso uma constante atualização.

Esperando que esta obra tenha utilidade ao leitor, colocamo-nos ao seu dispor para possíveis sugestões para comentários ou críticas que possam contribuir para sua melhoria.

# PLANO DA OBRA

O livro se inicia no Cap. 1, com um breve retrospecto sobre as origens das teorias de administração, procurando mostrar que a preocupação de gerir convenientemente coisas e pessoas é quase tão velha quanto a própria civilização. Em seguida, através dos Caps. 2 e 3, passa a estudar os dois principais autores da chamada escola clássica de Administração, Taylor e Fayol. Mostra que Taylor se preocupou mais com as questões ligadas à eficiência da produção de indústrias, enquanto Fayol procurou enfocar uma série de critérios para a boa administração de empresas, aos quais chamou de princípios universais. Alguns destes princípios são ainda comumente empregados em nossos dias.

O Cap. 4 é dedicado à primeira evolução importante ocorrida fora da escola clássica: o movimento de relações humanas, que nasce com os experimentos de Hawthorne, nos Estados Unidos, conduzidos por volta de 1920 por um psicólogo australiano de nome Elton Mayo. Do movimento de relações humanas importantes correntes de pensamento se originaram, em um desdobramento contínuo, que prossegue em nossos dias com novas teorias, autores e pesquisas dentro da área do comportamento humano.

O Cap. 5 trata, de maneira muito superficial, das contribuições de Max Weber, que, com seus escritos, marcou época não só nas ciências políticas mas também no campo de Administração de Empresas; as suas visões sobre o papel e o funcionamento das grandes empresas casam-se com as atuais companhias transnacionais impessoais, fortes, eficientes, normalmente geridas por profissionais.

No Cap. 6 a estrutura da obra básica de Chester Barnard, *The Functions of the Executive,* escrita em 1937, é apresentada. Este autor representa em nossa opinião a primeira grande abertura após Fayol para o estudo de Administração de Empresas. É a partir de sua concepção de empresa, vista como um sistema de esforços cooperativos que os estudiosos passam a ter a atenção voltada para as teorias de sistemas, já estudadas em 1925 por Von Bertalanffy; igualmente é com base nas obras de Barnard que Simon, em 1945, estuda a empresa com enfoque no seu processo decisório. Enfim, é Barnard que imagina uma concepção global do que é a empresa e de como os seus executivos devem atuar.

No Cap. 7 o livro apresenta, de um modo introdutório, as idéias básicas de Herbert Simon sobre a questão do processo decisório, cujo entendimento, como se procurará demonstrar, é da maior importância para a boa gestão de empresas ou de seus subsistemas. Tal como os demais autores, Simon deu origem a uma série de novas abordagens nos últimos três decênios, sendo múltiplos os desdobramentos de suas teorias.

No Cap. 8, um destes desdobramentos é apresentado: a chamada escola matemática, que se originou também com os movimentos da *operational research* — pesquisa operacional. Esta técnica foi desenvolvida pelos aliados durante a Segunda Guerra Mundial, quando passaram a colocar cientistas no próprio campo de operações das batalhas, com o propósito de, utilizando métodos científicos, aumentar a eficácia de certas operações de combate. Estas técnicas, que implicavam o uso de modelos matemáticos e probabilísticos, cessada a guerra, começaram a ser usadas em empresas de negócios.

Finalmente, o Cap. 9 apresenta uma revisão dos diversos tópicos e sumaria as conclusões do livro, procurando mostrar que as diversas escolas de administração se constituem em uma complexa e evolutiva malha de conhecimentos, que não cessou e não cessará nunca de aumentar.

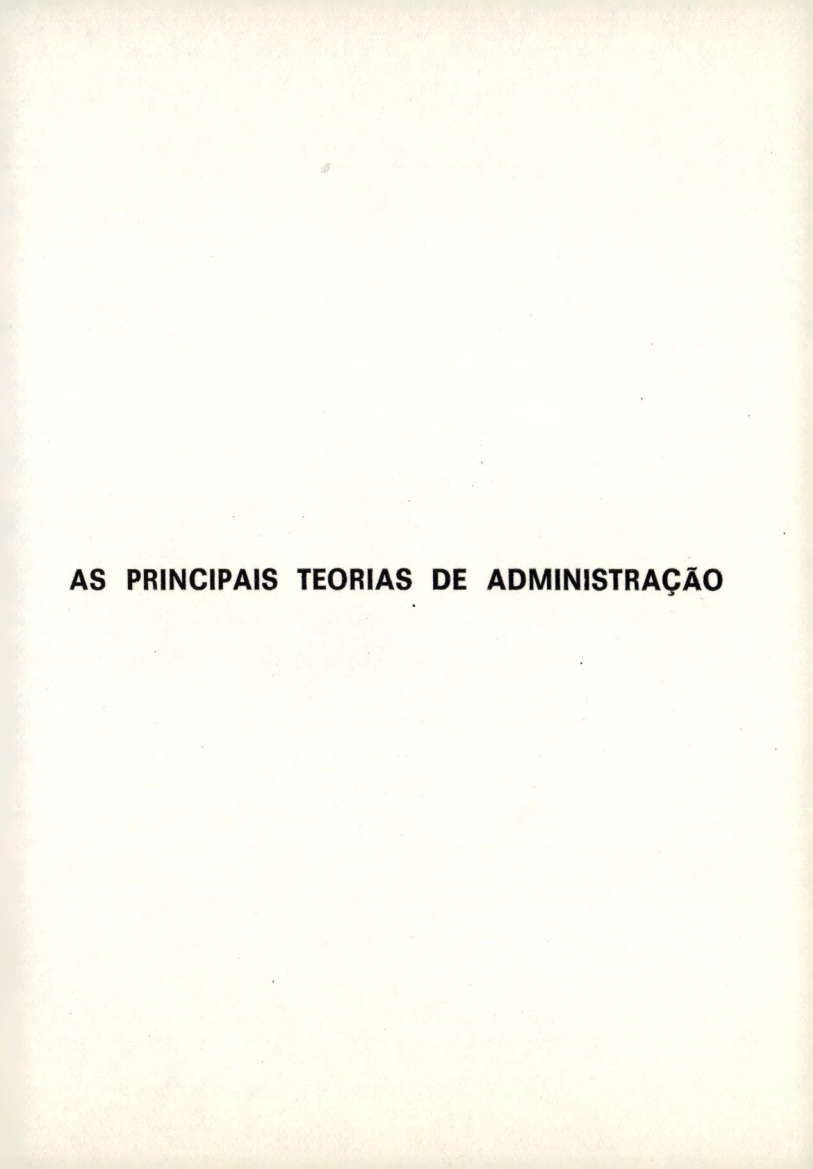

# AS PRINCIPAIS TEORIAS DE ADMINISTRAÇÃO

# 1. PRIMÓRDIOS DAS TEORIAS DE ADMINISTRAÇÃO

As origens das teorias de Administração remontam ao passado muito distante. Existem citações da própria Bíblia que mencionam os benefícios de se delegar autoridade, bem como da conveniência de se ter boa organização no dirigir o povo. Das antigas civilizações se constata também a preocupação em bem gerir negócios públicos ou privados; Sócrates menciona em seus *Discursos* que

> aqueles que sabem como utilizar pessoas, conduzem coisas públicas ou particulares judiciosamente, enquanto que aqueles que não sabem, errarão na administração de ambos[1].

As organizações militares têm sido, através dos séculos, exemplos de administração de grandes contingentes de pessoas com o auxílio de princípios e objetivos bem definidos e por todos compreendidos. Ao lado das organizações militares a Igreja Católica é outro exemplo de uma eficiente instituição, cuja sobrevivência por séculos tem sido facilitada por adoção de técnicas administrativas. Foi no decorrer do século XIX, no entanto, que os pri-

---

1. Citado em H. I. MERRIL, *Classics in Management*, American Management Association, p. 5.

meiros escritos dedicados puramente à Administração começaram a aparecer. Robert Owen, um próspero fabricante de tecidos da Escócia publicou, em 1825, o livro *A New View of Society,* onde procura demonstrar a outros industriais a importância de se dedicar ao elemento humano a atenção e o cuidado que na época eram dedicados aos equipamentos e máquinas. Embora esta imagem hoje possa não ser entendida, é preciso lembrar que então os mecanismos destinados à fabricação de objetos estavam em sua fase de introdução nas indústrias, as quais começavam a sair do artesanato; por causa disto eles eram foco de tratos especiais, devido ao alto investimento relativo em que implicavam. Assim, Robert Owen pode ser considerado como precursor da Escola de Relações Humanas, cujos princípios foram expostos exatamente 100 anos após por George Elton Mayo. Em 1832, na cidade americana de Filadélfia, o matemático britânico Charles Babbage publicou o livro *On the Economy of Machinery and Manufactures,* no qual ele enuncia o princípio da divisão do trabalho, que, 80 anos mais tarde, iria se constituir em elemento fundamental da teoria de Frederick W. Taylor, o fundador da Administração Científica do Trabalho. Através destes precursores e de muitos outros, o estudo de Administração começou a tomar corpo como assunto independente das ciências econômicas e dos conhecimentos tecnológicos que, no século XIX, eram intensamente descobertos e estudados. Mais tarde, no despertar do século XX, coube a Taylor, nos Estados Unidos, e a Henry Fayol, na França, lançar os alicerces definitivos da teoria da Administração, após os quais muitos outros estudiosos se seguiram.

## 2. TAYLOR E OS PRINCÍPIOS DA ADMINISTRAÇÃO CIENTÍFICA

O movimento em favor da Administração Científica do Trabalho foi iniciado por Frederick Winslow Taylor, americano, nascido em 1856. Taylor começou a trabalhar muito cedo como aprendiz na Midvale Steel Co., indústria localizada na cidade de Filadélfia, após ter sido aconselhado pelo seu médico a não seguir carreira universitária, por deficiência de sua visão.

Devido à facilidade com que aprendia as diversas tarefas, conseguiu o lugar de operador de máquinas e, logo depois, o de mestre de usinagem; ambicioso, procurou obter de seus torneiros mais produção, sem no entanto conseguir. Como ele próprio já havia passado por aquela função, mostrou aos seus subordinados como era possível trabalhar com maior eficiência, sem no entanto convencê-los. Não se dando por vencido, Taylor selecionou os trabalhadores mais inteligentes e os treinou em alguns tornos; deles, pediu esforço nas tarefas, em troca de uma remuneração mais elevada. Porém, para sua surpresa, passado o período inicial, a produção dos operadores selecionados caiu ao mesmo nível dos não escolhidos, o que obrigou Taylor a reduzir seus salários. Esta batalha para aumentar a produtividade durou três anos, tendo Taylor conseguido algum resultado, mas à custa de uma crescente hostilidade por parte dos operários.

Em 1890, Taylor deixou a Midvale, depois de ter atingido a posição de engenheiro-chefe, ingressando, algum tempo depois, na Bethlehem Steel Co. Nesta empresa, Taylor notou que, embora a administração tivesse uma idéia clara da capacidade dos equipamentos, não possuía conhecimentos dos limites de produção dos trabalhadores. Se fosse possível estimar quanto se poderia produzir em cada posto de trabalho, após especificar como as tarefas deveriam ser executadas em cada um deles, poder-se-ia medir a eficiência de todos os empregados e assim obter um incremento geral na produtividade; em conseqüência, a empresa obteria mais lucro e poderia pagar melhor seus funcionários, os quais seriam assim recompensados pelo esforço adicional efetuado. Passando a aplicar seu modelo na prática, Taylor conseguiu reduzir de 500 a 140 o número de operários que trabalhavam na operação de carregar vagões com lingotes de ferro, o que gerou uma elevação de salários de 60% nos que continuaram com ele, e uma economia, para a empresa, de US$ 75.000 anuais.

Baseado em suas experiências na Bethlehem Steel, Taylor apresentou, em 1895, na American Society of Mechanical Engineers, um trabalho intitulado *A Piece Rate System,* que acenava para um novo tipo de remuneração, bem como um sistema de administração destinado a garantir o sucesso do método. Este era baseado no pagamento de uma quantia fixa (por exemplo dez centavos) por peça produzida e no estabelecimento de um valor de produção padrão-horário (por exemplo 5 peças por hora). Se no final do dia de 10 horas o operário fizesse menos que o padrão, receberia apenas os dez centavos por peça, porém, se ultrapassasse o padrão (por exemplo, fazendo 60 peças nas dez horas) por peça adicional receberia não o valor fixado (dez centavos) mas sim um valor maior por unidade (por exemplo doze centavos). Porém, a necessidade de fixar padrões de produção para as operações industriais obrigou Taylor a estudá-las cuidadosamente com o objetivo de determinar a melhor maneira de executar cada uma, eliminando movimentos inúteis. Além disso, ele teve que selecionar os melhores homens para cada tarefa e instruí-los detalhadamente como deveriam operar. Fixadas estas condições, Taylor determinava com cronômetro o tempo que iria ser concedido por peça (tempo-padrão), o qual depois servia para cálculo do salário com incentivo.

O sistema desenvolvido por Taylor se constituiu na base dos estudos de tempos e movimentos com a decorrente aplicação de salários com incentivo a todo pessoal da fábrica. E, devido aos bons resultados que propiciou à empresa na qual trabalhava, as idéias de Taylor se propagaram com grande rapidez por toda Nação, sendo adotadas por muitas indústrias. Isto gerou, por parte dos operários e de seus sindicatos, forte reação contrária, greves e até investigações efetuadas pelo Congresso, no sentido de apurar influências nocivas de seu método.

Em 1911, Taylor publicou seu livro *The Principles of Scientific Management,* com a intenção de sumariar todas suas experiências e traduzi-las em princípios, os quais deveriam ser aplicados em todas as tarefas dos administradores, substituindo os "métodos empíricos", por eles usados, por "métodos científicos". Em verdade, Taylor com isso queria apregoar o uso do rigor das ciências matemáticas (e dà lógica, conseqüentemente) na análise dos problemas industriais.

Os seus "princípios" podem ser resumidos no seguinte:

1. Aplicar a análise científica em lugar do empirismo.
2. Analisar cuidadosamente cada operação, planejando em detalhe cada um de seus aspectos.
3. Selecionar o melhor homem para cada trabalho, especializando-o em uma tarefa; controlar suas atividades para ter certeza de que ele está seguindo o que foi planejado.

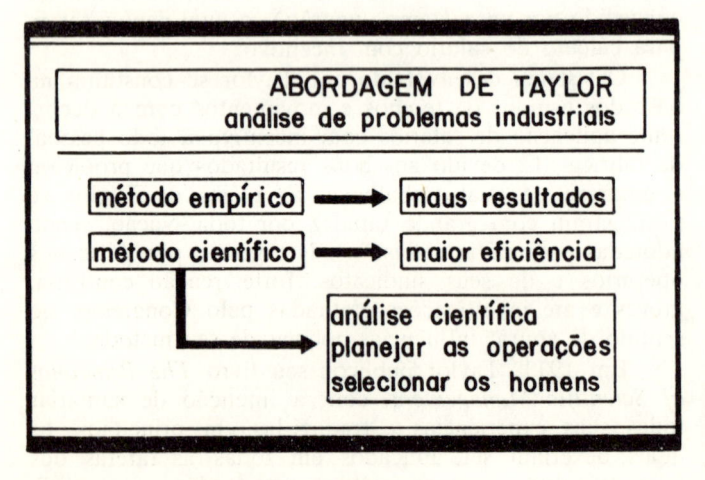

Quadro 1. A abordagem de Taylor.

Ao lado destes princípios, Taylor ainda preconizava a separação das funções de "preparar o trabalho" das de "executá-lo"; para isto, concebia ele não um único superior, mas uma série deles, cada um encarregado de um aspecto; assim, haveria:

a) um encarregado para preparar todo o necessário para o início da produção;
b) o encarregado da fabricação propriamente dita;
c) o encarregado da inspeção;
d) o encarregado da manutenção.

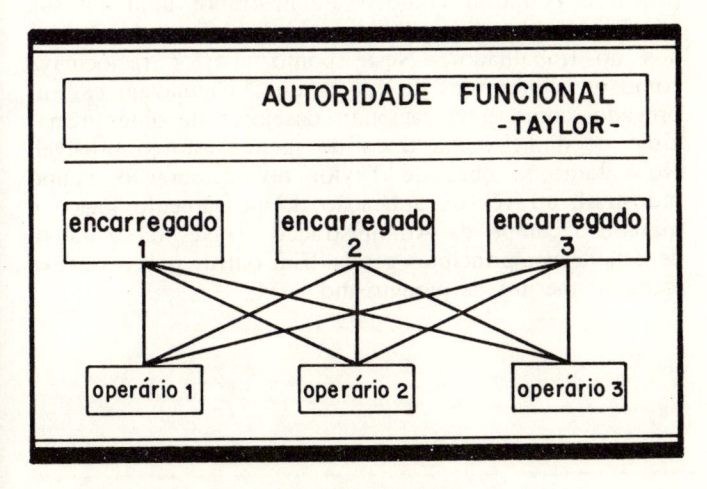

Quadro 2. A autoridade funcional (Taylor).

Cada uma destas pessoas teria autoridade sobre o operário no particular aspecto que cuidasse, ficando ele ligado "funcionalmente" a todos os encarregados.

Embora as críticas ao sistema por ele utilizado, em sua concepção original, sejam grandes, foi do exemplo de Taylor que surgiu a ligação de autoridade funcional existente em todas as empresas de nossos dias e que será objeto de estudos posteriores do Curso.

Para sumariar a obra de Taylor, pode-se dizer que ele se dedicou principalmente ao estudo das atividades de fabricação, não tendo analisado as organizações quando vistas em seu todo; não teve sua atenção voltada para a maneira como elas se estruturam hierarquicamente, não procurou pesquisar como o administrador atua em sua função, tampouco se preocupou com os aspectos humanos do trabalhador. Neste ponto, Taylor raciocinava como os economistas da época, que imaginavam os empregados como entes racionais desejosos de obter o máximo de dinheiro em troca do menor esforço possível. No entanto, a obra de Taylor revolucionou o campo industrial, através da aplicação do pensamento lógico e marcou o campo da Administração através da tentativa de estabelecer princípios gerais. Em outras palavras, teve todos os méritos de pioneirismo.

## 3. FAYOL E A UNIVERSALIDADE DOS PRINCÍPIOS DE ADMINISTRAÇÃO

Henry Fayol nasceu em 1841, na França, tendo se formado, com dezenove anos, engenheiro de minas; iniciou imediatamente sua carreira na Companhia Commentry Fourchambault, empresa de mineração de carvão, da qual só saiu em 1918, após ter exercido, durante trinta anos, as funções de diretor-geral. Durante sua vida profissional, Fayol concebeu e aplicou um conjunto de idéias que, em 1915, foram reunidas em um livro designado *Administration Industrielle et Générale,* embora Fayol já viesse divulgando publicamente seus conceitos desde 1900. A obra de Fayol constitui-se verdadeiramente na base da moderna teoria de administração, dentro do enfoque dado pela designada escola clássica.

Ao contrário de Taylor, Fayol começou sua vida profissional já dentro da alta administração da empresa em que trabalhou; este fato explica a razão de ter ele se preocupado com os problemas gerais da empresa, abordando-os de cima para baixo. Apesar da importância de seu trabalho, ele não foi traduzido para o inglês senão em 1929, pelo International Management Institute, de Genebra; porém, os exemplares impressos foram poucos e apenas em 1949 eles foram republicados e distribuídos nos Estados Unidos. Este fato atrasou de alguns decênios o estudo de Administração, tendo em vista ter sido naquele país que se desenvolveu o maior esforço pelo aprimoramento das teorias de Administração. De fato, o enfoque que Taylor e seus seguidores americanos, Gilbreth e Gantt, deram à Administração Científica, se concentrou essencialmente nos níveis operativos das empresas, em campos da Produção, desenvolvendo técnicas de Estudos de Tempos, Estudos de Movimentos, Salários com Incentivos, etc., mas sem se preocupar com os problemas administrativos gerais que ocorrem em todos os níveis e tampouco com a empresa quando vista como um todo; esta foi justamente a aproximação que Fayol deu ao seu trabalho.

*As atividades industriais:* Fayol concebia qualquer empreendimento industrial composto de seis atividades:

1) técnicas, tais como criar, adaptar, produzir;

2) comerciais, como comprar, vender, trocar;

3) atividades financeiras, tais como obtenção de capitais e sua utilização;

4) de segurança, ou seja, a proteção das pessoas e dos bens físicos;

5) contábeis, tais como inventários, balanços, custos;

6) atividades administrativas, constituídas por planejar, organizar, comandar, coordenar e controlar.

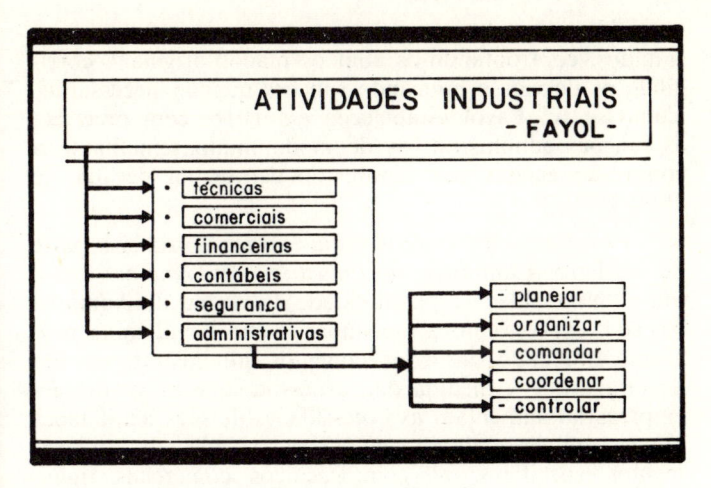

Quadro 3. As atividades industriais (Fayol).

Fayol reconhecia que as atividades técnicas não eram sempre as mais importantes, pois

nas indústrias existem circunstâncias em que alguma das outras atividades pode exercer uma influência muito maior sobre o caminho do negócio do que a atividade técnica[1].

Com relação à sexta atividade, a administrativa, Fayol acreditava que, além das questões técnicas, comerciais e contábeis, era preciso planejar as operações do negócio, organizar sua estrutura de pessoal, estabelecer as

1. FAYOL, Henry. *General and Industrial Management*, Pitman, p. 3.

regras de comando, coordenar as ações e controlar os resultados, confrontando-os com os planos originais, corrigindo os desvios e aplicando sanções quando necessárias. Como se vê, Fayol estabeleceu em 1916, com precisão, as funções administrativas de modo muito semelhante a como são aceitas por autores modernos da década de 1960-1970.

*Fayol e o ensino de Administração:* a primeira parte de seu livro *Administration Industrielle et Générale* tem o título "Necessidade e possibilidade do ensino de Administração", expressando a preocupação que Fayol tinha pelo ensino ordenado dos conhecimentos administrativos. Ele declarava que à medida que a pessoa sobe na hierarquia empresarial aumentam as necessidades de suas habilidades administrativas e diminuem as necessidades de conhecimentos específicos, tais como técnicos, comerciais, financeiros; origina-se daí a sua preocupação pelo aprendizado sistemático de Administração para as pessoas que ocupassem cargos diretivos.

Menciona Fayol em sua obra, que nos casos em que se têm que escolher um homem para ser mestre entre os operários, ou um superintendente entre os mestres, ou ainda um administrador entre engenheiros, nunca ou quase nunca, as habilidades técnicas é que irão governar a escolha; menciona em seu livro

> entre pessoas de igual nível técnico, a escolha deveria recair naquela que fosse superior, em sua conduta, autoridade, ordem, organização e outras características que são componentes de habilidade administrativa[2].

*Os princípios universais de Fayol:* Fayol julgava que o bom desempenho de uma empresa, qualquer que fosse

2. *Idem,* p. 14.

sua atividade, dependia de estar ela obedecendo a um certo número de condições às quais se poderia chamar de princípios, leis ou regras. Estes princípios, poder-se-iam aplicar a toda estrutura hierárquica das empresas, diferindo apenas em cada posição quanto à intensidade com que necessitassem ser utilizados, não sendo jamais privativos da alta administração. Ao mesmo tempo, Fayol não fazia distinção do tipo de empresa, acreditando na validade dos princípios para todas as atividades comerciais ou não, governamentais ou militares. Daí a designação de "universais" aos seus princípios. Embora ele tivesse preferido usar a terminologia "princípios", reconhecia que em administração não poderia haver rigidez na validade das afirmações neles contidas. Os princípios deveriam ser flexíveis e capazes de se adaptar a cada necessidade; dizia ele

> que administrar é uma arte que requer inteligência, experiência, decisão e proporção; composta de tato e experiência, a proporção é uma das mais desejadas qualidades em um administrador[3].

Fayol enumera 14 princípios, que são os seguintes:

1) Divisão do trabalho;

2) Autoridade;

3) Disciplina;

4) Unidade de comando;

5) Unidade de direção;

6) Subordinação dos interesses individuais ao interesse geral;

7) Remuneração;

3. *Idem*, p. 19.

8) Centralização;
9) Cadeia escalar;
10) Ordem;
11) Eqüidade;
12) Estabilidade do pessoal;
13) Iniciativa;
14) Espírito de equipe.

Destes 14 princípios, merecem destaque os seguintes:

— *Divisão de trabalho:* Crê Fayol que a especialização pertence à ordem natural das coisas, podendo ser observada no mundo animal, através da constatação de que, quanto mais desenvolvida for a criatura, mais diferenciados serão seus órgãos. Para ele, o objetivo da divisão do trabalho seria produzir mais e melhor com o mesmo esforço.

— *Autoridade e responsabilidade:* É Fayol quem pela primeira vez distingue estes dois conceitos. Entende Fayol que autoridade é o *direito* de dar ordens; porém deve-se distinguir a autoridade oficial daquela que é resultante da pessoa, e decorrente de sua inteligência, experiência, comportamento moral, habilidade para liderar, etc. Responsabilidade é a contrapartida e natural conseqüência da autoridade; o superior delega autoridade a seus subalternos e isto os torna responsáveis por suas ações junto ao superior, sujeitando-os às sanções devidas quando falharem.

— *Unidade de comando:* diz este princípio, que qualquer empregado só pode receber ordens de um único superior; esta afirmação é contrária à tese da "autoridade funcional" de Taylor, segundo a qual vários superiores podem exercer autoridade sobre um único subalterno, cada qual dentro de sua função específica. O próprio Fayol reconhece em seu livro a contradição existente entre ambos, argumentando com si próprio que Taylor, por ter dirigido com sucesso grandes empresas, aplicando a autoridade funcional, deveria ter conseguido conciliar aquele tipo com a unidade de comando, por alguma maneira. No entanto, Fayol reconhecia não estar em posição de verificar a pureza de sua afirmação.

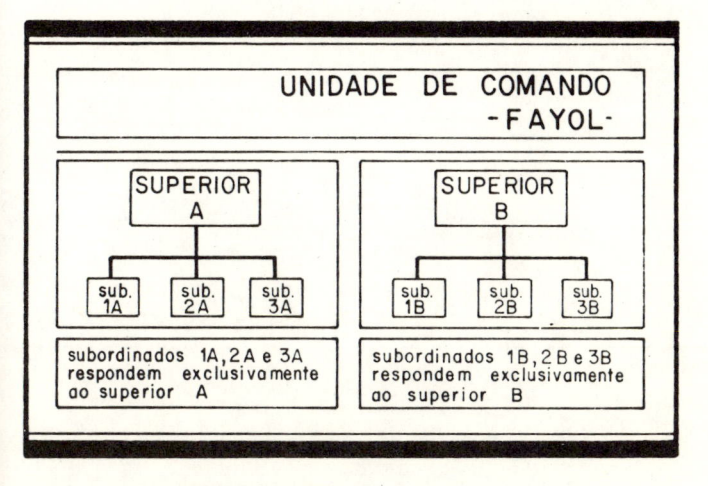

```
┌─────────────────────────────────────────────────┐
│           UNIDADE DE COMANDO                    │
│                 -FAYOL-                         │
│                                                 │
│   ┌──SUPERIOR──┐         ┌──SUPERIOR──┐         │
│   │     A      │         │     B      │         │
│   └────────────┘         └────────────┘         │
│    sub. sub. sub.          sub. sub. sub.       │
│    1A   2A   3A            1B   2B   3B         │
│                                                 │
│  subordinados 1A,2A e 3A   subordinados 1B,2B e 3B │
│  respondem exclusivamente  respondem exclusivamente│
│  ao superior A             ao superior B        │
└─────────────────────────────────────────────────┘
```

Quadro 4. O princípio da Unidade de Comando (Fayol).

Fayol teve oportunidade de aplicar seus conceitos em toda sua brilhante carreira de administrador; quando ingressara na Companhia Commentry Fourchambault, a empresa estava em vias de fechar as portas. Quando ele se retirou da mesma, em 1918, com 77 anos de idade, a situação da empresa era excelente e o *Staff* que a dirigia era composto dos melhores administradores.

## 4. A ESCOLA DE RELAÇÕES HUMANAS: ELTON MAYO

A tese de Frederick W. Taylor e de seus seguidores Gilbreth e Gantt fundamenta-se no comportamento do *Homus economicus;* este é um modelo teórico, criado pelos economistas, o qual procura explicar a conduta do ser humano de uma maneira lógica, em face a problemas, tais como comprar, vender, fornecer trabalho em troca de salário. Segundo o modelo, o homem tende a maximizar os ganhos decorrentes de seu esforço, procurando obter a maior remuneração possível para a menor quantidade de trabalho que puder produzir.

Em decorrência das idéias dos economistas, administradores e empresários da época, o trabalhador era no início do século XX, encarado como uma unidade isolada, a qual poder-se-ia tratar como a uma máquina, medindo sua eficiência por métodos "científicos", procurando dela extrair o máximo através da eliminação de movimentos inúteis; a fadiga era concebida como um estado corporal conseqüente da acumulação de produtos tóxicos oriundos de processos físico-químicos. Os inconvenientes do meio ambiente que circundava o trabalhador, tais como má iluminação, umidade, local demasiadamente sujo, muito frio, ou muito quente, eram também apontados como causa importante da má eficiência.

O modelo do *Homus economicus* e a teoria mecanicista sobre o trabalhador sofreram na década de 1920 um forte abalo, decorrentes de conclusões tiradas por uma equipe da Escola de Administração de Harvard, da qual fazia parte Elton Mayo, psicólogo industrial. Mayo, australiano nascido em 1880, desistiu de seu curso de Medicina para mais tarde se graduar em Psicologia; em 1922 chegou aos Estados Unidos, tornando-se professor assistente de Harvard. As experiências que serviram de base para a teoria de Elton Mayo foram realizadas em uma fábrica de Western Electric Company, a "Hawthorne Plant", de Chicago; esta empresa era (e é ainda em nossos dias) uma subsidiária do grupo Bell, que fabricava na década de 1920 *relays* para telefones. Na época, a Western Electric confrontava-se com murmúrios e descontentamentos entre os seus empregados, níveis baixos de produtividade e alta rotação de pessoal. Apesar deste estado, a fábrica tinha um padrão elevado de salários, assistência médica e dentária, bom restaurante, etc.; o que a colocava em posição de destaque na época.

A equipe de Harvard desenvolveu em Hawthorne uma série de experiências que se prolongaram por vários anos (de 1927 a 1933), com o objetivo de investigar o efeito da fadiga dos trabalhadores na produtividade, a influência dos fatores do ambiente (iluminação, nível de ruído, temperatura), bem como o resultado da intercalação de pausas para repouso no trabalho. E os resultados destas pesquisas mostraram a existência de fatores desconhecidos, os quais afetavam diretamente a produtividade dos grupos estudados.

Em uma das experiências feitas em Hawthorne procurou-se determinar os efeitos da iluminação sobre o trabalho, para o que foram escolhidos dois grupos de moças; um deles foi sujeito a graus crescentes de intensidade luminosa e o outro (grupo de controle) foi mantido a níveis constantes. A produtividade no IV.º grupo subiu, mas surpreendentemente, a do 2.º grupo, cuja iluminação não havia mudado, também aumentou. Intrigados, os investigadores resolveram diminuir o nível de iluminação do grupo de controle e com maior surpresa ainda observaram que a produção diária voltou a subir. Tendo em vista os resultados desconcertantes desta experiência, outras foram programadas, inclusive para pesquisar diferentes variáveis, tais como a influência de períodos de descanso no decorrer da jornada diária, a introdução da folga de sábado (além de domingo) etc... Os resultados foram sempre do tipo dos da primeira, com aumentos inexplicados na produtividade, em lugar de diminuições, quando algum dos benefícios introduzidos eram suprimidos. Restava explicar quais os motivos de tais resultados.

Mayo acreditava que ao pedir ajuda e cooperação às operárias, elas passaram a se sentir importantes; se antes elas se perdiam no anonimato, na fase das experiências passaram a ser chamadas pelos nomes, foram colocadas ao par do fato de estarem ajudando a companhia a resolver um problema; daí a razão de terem trabalhado com mais eficiência. Ao lado da função econômica da empresa, Mayo estava descobrindo a função social que ela exerce sobre seus funcionários; até então, os especialistas em eficiência haviam se preocupado com as funções ligadas à produção, tendo ficado de lado o aspecto social. Além disso, nas experiências, as moças formavam um grupo unido, que possuía objetivos claramente definidos e que era encarado como altamente responsável; a ele se deu uma dose elevada de liberdade, evitando-se por exemplo obrigar as moças a seguirem métodos pré-fixados para montarem os *relays*. A contrapartida foi a instituição de normas disciplinares pelo próprio grupo, sem que estas tivessem que ser impostas pela Administração, exatamente o oposto do que se fazia com o restante da fábrica. As reclamações devidas à fadiga e à monotonia das operações repetidas desapareceram por completo, evidenciando que muitas vezes elas são apenas pretextos ou carapuças de outros descontentamentos maiores, mais arraigados, mas que não são trazidos à discussão.

Com base nas conclusões tiradas das experiências de Hawthorne, Elton Mayo formulou uma teoria que indo diretamente contra fundamentos da escola clássica (Taylor, Gilbreth, Gantt, Fayol), revolucionou todo o campo do estudo de Administração. Aquilo que Mayo convencionou chamar de "hipótese do populacho" e que, segundo ele, era decorrente do conceito do *Homus economicus* devia ser desconsiderado. Esta hipótese se caracterizava por considerar que os trabalhadores, quer em uma fábrica, quer em outra organização qualquer, constituem uma horda de indivíduos desorganizados, cada um deles atuando em seu próprio e exclusivo interesse, de modo lógico e calculado, a fim de maximizar suas satisfações e obter seus desejos. A "hipótese do populacho", segundo Mayo, fazia parte arraigada das idéias dos industrialistas da época da revolução industrial, tendo sido antes disso, fruto de pensamentos das escolas filosóficas e de economistas da época. Diz Mayo que esta hipótese e os conceitos que a ela estão vinculados são totalmente falsos e que ela deve ser substituída na direção das empresas pela idéia de que os empregados formam naturalmente grupos informais entre si e que quando tais grupos forem estáveis, coesos e participarem da vida da empresa, desenvolverão um sentimento de "pertencer" e passarão a agir de modo mais cooperativo com a empresa. Este sentimento de "pertencer", segundo Mayo, é muito importante e existe não só para o grupo em relação à empresa mas também entre o indivíduo e o grupo informal; este pode desenvolver normas de conduta e de sanções aos seus componentes, as quais são aplicadas sempre que o indivíduo desrespeita as regras criadas pelo grupo; as sanções podem inclusive chegar à exclusão de alguém em relação ao conjunto, ocorrendo neste caso, conflitos emocionais e daí problemas para o indivíduo e para a empresa, pois o descontentamento irá afetar a produção e a moral.

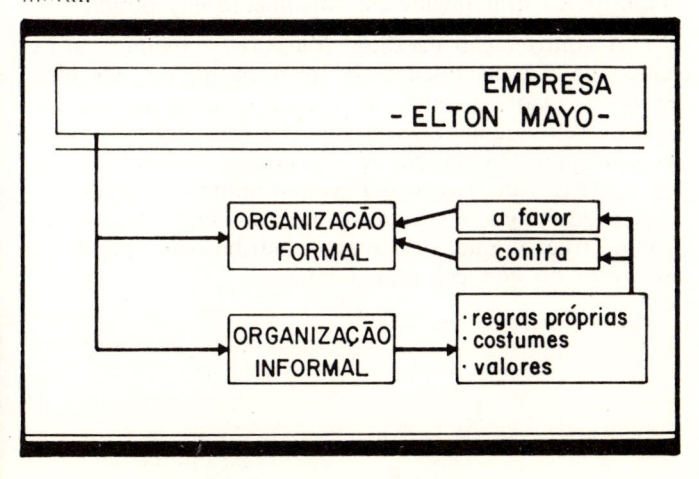

```
                    EMPRESA
                  - ELTON MAYO -

         ORGANIZAÇÃO  ←—   a favor
           FORMAL    ←—    contra

         ORGANIZAÇÃO  →   · regras próprias
          INFORMAL        · costumes
                          · valores
```

Quadro 5. As organizações formal e informal em uma empresa (Elton Mayo).

Com respeito à fábrica de Hawthorne, o que sucedia era que os grupos informais que se criaram exerciam pressão sobre seus membros para que a produção se mantivesse dentro de certos limites, independente dos incentivos salariais oferecidos, punindo os que, tentados pelo dinheiro, rompiam as marcas informalmente fixadas. Isto significava que os valores e costumes do grupo eram mais importantes que a recompensa monetária que os incentivos representavam. Ao lado da organização formal da empresa, surgia uma influente estrutura não-formal, com regras próprias e objetivos conflitantes com os da empresa. Isto sugere que a colaboração de tais grupos informais com a empresa pode ser de extremo valor e por conseguinte deve ser planejada e não deixada ao acaso, pois fortuitamente ela dificilmente será obtida.

A contribuição de Elton Mayo foi marcante para o estudo de Administração; ele foi criticado por ter mostrado os inconvenientes da escola clássica de Taylor, Fayol e seus seguidores e de não ter oferecido um corpo de princípios alternativos que pudessem ser empregados em lugar dos de Taylor e Fayol. Contudo, baseados no estudo de Mayo, seguiram-se muitos outros teóricos de Administração, que trouxeram contribuições grandes a este setor do conhecimento humano.

## 5. O MODELO WEBERIANO

Foi Max Weber, economista alemão que viveu no início do século XX que, pela primeira vez, se dedicou ao estudo de uma estrutura formal em empresas particulares ou públicas, que atendesse aos complexos problemas da sociedade de nossos tempos.

Baseado principalmente em observações históricas, Weber procurou conceber um modelo teórico da organização que, apoiado na racionalidade do comportamento humano, pudesse servir de padrão para a sociedade; este modelo para ele era a burocracia, concebida como sinônimo de grande organização, pública ou privada, e montada segundo os seguintes pontos:

— a organização deve obedecer ao conceito de hierarquia, pelo qual cada posição funcional se subordina à outra imediatamente superior;
— cada posição é ocupada por um especialista em relação às funções ligadas a ela;
— decorrente da especialização de funções, a amplitude de ação fica perfeitamente definida;
— os procedimentos, isto é, as ações de cada ocupante de uma posição devem ser planejados e normalizados; estas normas devem ser escritas

e divulgadas, de modo a se tornarem padrões de comportamento.

Para ocupar as posições de chefia, Weber concebia o administrador profissional economicamente estável e imaginado como agente livre de vínculos com a organização; com isto ele pretendia eliminar os não-profissionais, pois acreditava serem estes incapazes de desempenharem a contento seus papéis na estrutura, podendo portanto comprometê-la na obtenção do sucesso.

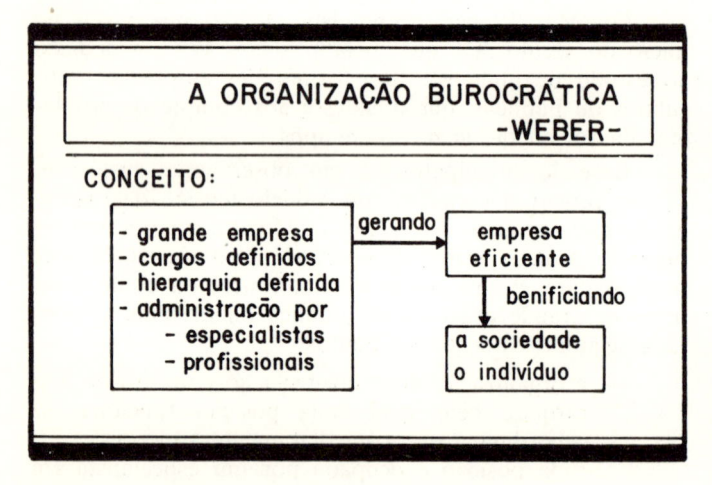

```
┌─────────────────────────────────────────────┐
│         A ORGANIZAÇÃO BUROCRÁTICA           │
│                 -WEBER-                     │
│                                             │
│ CONCEITO:                                   │
│                                             │
│  ┌──────────────────┐  gerando  ┌─────────┐ │
│  │ - grande empresa │─────────▶ │ empresa │ │
│  │ - cargos definidos│          │eficiente│ │
│  │ - hierarquia definida│       └────┬────┘ │
│  │ - administração por│       benificiando  │
│  │    - especialistas │            ▼        │
│  │    - profissionais │      ┌──────────┐   │
│  └──────────────────┘        │a sociedade│  │
│                              │o indivíduo│  │
│                              └──────────┘   │
└─────────────────────────────────────────────┘
```

Quadro 6. A Organização Burocrática (Weber).

Max Weber, tendo visitado os Estados Unidos nas primeiras décadas no século XX, vislumbrou, através das grandes empresas que se formavam, um futuro no qual apenas as do tipo "burocrático" iriam existir. Aquelas que estivessem sendo dirigidas por líderes carismáticos, que exercessem seu poder através de magnitude pessoal não conseguiriam resistir ao tempo e desapareceriam, caso não se transformassem em burocracias. Na época de Weber, o exemplo mais próximo de líder carismático foi Henry Ford, fundador de uma grande indústria automobilística dos EUA. O modelo concebido com grande antecipação por Max Weber tem muita semelhança com as grandes organizações modernas, como a General Motors Corp, a Philips, a Sears Roebuck e tantas outras.

# 6. A ESCOLA DOS SISTEMAS SOCIAIS: BARNARD

Em 1937 Chester I. Barnard, americano graduado em Harvard e funcionário da American Telephone & Telegraph Company, apresentou, no Lowell Institute de Boston, um manuscrito feito para oito leituras, no qual era desenvolvida uma teoria sobre organizações, completa e distinta de tudo o que se havia descrito a respeito nos anos anteriores. Barnard não conseguia explicar de maneira adequada a sua própria experiência profissional como executivo de uma empresa em função da teoria clássica de Taylor e Fayol; influenciado pelas pesquisas de Hawthorne e pelas idéias de Elton Mayo, que também era de Harvard, Barnard havia notado que seu colega não conseguira moldar uma teoria sobre administração, que além de ter um substrato filosófico, pudesse oferecer guias para o comportamento dos executivos.

Seus manuscritos foram revistos e publicados em 1939 sobre o título *The Functions of the Executive* (Chester I. Barnard, Harvard University Press), livro que se constitui na base da moderna escola de Administração, a qual encara as organizações como sistemas sociais.

A obra de Barnard é dividida em quatro partes: a primeira dedicada ao estudo do indivíduo e da formação de sistemas cooperativos: a segunda voltada para o exame da teoria e estrutura das organizações formais e informais; a terceira destinada à análise de elementos de organizações tais como especializações, incentivos, autoridade, decisão e teoria do oportunismo; a última parte procura estudar as funções e processos dos executivos. As principais idéias de Barnard, dentro do encaminhamento de seu livro, são resumidas a seguir em seis partes, a saber:

### 1. O ESTUDO DO INDIVÍDUO

Crê Barnard que os seres humanos constituem entidades discretas e isoladas que possuem um poder de se ajustarem ao meio, mantendo equilíbrio interno, apesar de submetidos a constantes mudanças do ambiente. Mais do que isto, eles possuem capacidade de mudar o caráter dos ajustamentos em função de suas experiências anteriores. Os seres humanos, no entanto, não atuam isoladamente e sim por interações com outros seres semelhantes; para exemplificar, Barnard menciona o fato de serem bissexuais e de precisarem de nutrição na infância.

As interações entre organismos humanos diferem das que existem entre objetos meramente físicos (e não biológicos) porque naquelas, ambas partes se envolvem "mutuamente", uma influenciando a atitude que a outra irá tomar e vice-versa. A este particular tipo de interação Barnard chama "relação social".

A cada ser individual pode-se associar propriedades que o caracterizam; entre elas Barnard menciona:

a) a sua *atividade,* que se espelha através do seu comportamento;

b) os *fatores psicológicos,* que significam a combinação, resultados e resíduos dos fatos físicos, biológicos e sociais que afetaram o passado do indivíduo e estão influindo no seu presente;

c) a *capacidade de determinação* e o *poder de escolha:* estas propriedades são responsáveis pelo senso de integridade pessoal de cada um. Diz Barnard[1]

> Nós observamos que pessoas que não têm senso do próprio ego, que não têm auto-respeito, que acreditam que o que fazem não é importante, que não têm iniciativa para nada são problemas, casos patológicos, não pertencem a este mundo, são inadequados para cooperação entre indivíduos.

No entanto, ressalva Barnard, este poder de escolha é limitado, e esta limitação é necessária para que ocorra a própria escolha.

d) *os propósitos,* resultantes da escolha entre as alternativas possíveis.

Ao lado de considerar os aspectos individuais das pessoas, Barnard estuda suas atitudes externas em relação a qualquer sistema cooperativo. Diz ele que os desejos e impulsos se constituem nos motivos que levam à ação os indivíduos nos sistemas a que pertencem. Os motivos podem ser descritos em função dos fins almejados. Muitas vezes certos objetivos desejados o são apenas sob certas condições ou certos processos. Daí Barnard distinguir entre efetividade e eficiência em relação ao comportamento pessoal; diz ele que se um desejo específico é obtido pode-se dizer que a ação para consegui-lo foi efetiva, no entanto, se as conseqüências não almejadas da ação forem de magnitude e levarem à insatisfação, apesar do objetivo ter sido atingido diz-se que a ação foi ineficiente. Pelo

---

1. CHESTER I. BARNARD, *The Functions of the Executive,* Harvard University Press, p. 13.

contrário muitas vezes ocorre que o objetivo desejado não é obtido mas as conseqüências não almejadas resultantes da ação do indivíduo geram satisfação de outros desejos que não a causa da ação; neste caso diz-se que a ação foi inefetiva porém eficiente.

As ações através das quais os fins são atingidos são sempre físicas, podendo estar entre aquelas as ações sociais; de qualquer modo elas envolvem sempre conseqüências não objetivadas (paralelas) que podem dar satisfação ou não. Os processos sociais são parte das ações nas quais estão envolvidas duas ou mais pessoas, sendo a comunicação sua forma verbal mais comum.

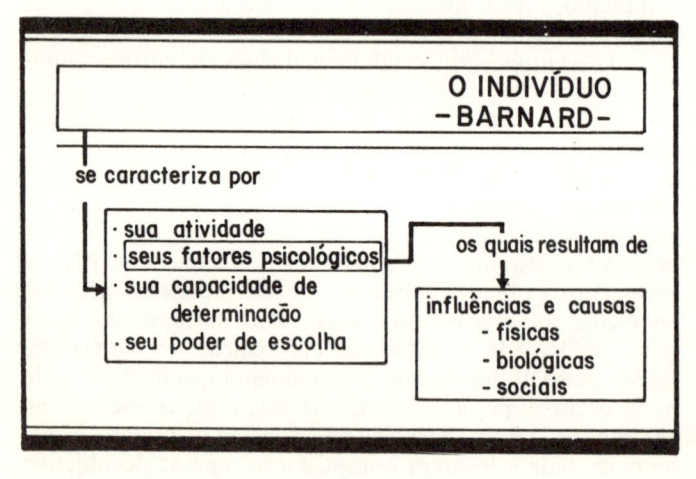

```
                                              O INDIVÍDUO
                                              -BARNARD-

      se caracteriza por

           ┌─────────────────────────┐
           │ · sua atividade         │
           │ · seus fatores psicológicos │──── os quais resultam de
           │ · sua capacidade de     │
           │   determinação          │      ┌──────────────────────┐
           │ · seu poder de escolha  │      │ influências e causas │
           └─────────────────────────┘      │   - físicas          │
                                            │   - biológicas       │
                                            │   - sociais          │
                                            └──────────────────────┘
```

Quadro 7. Características do Indivíduo (Barnard).

## 2. O ESTUDO DOS SISTEMAS COOPERATIVOS

Barnard diz que a cooperação entre indivíduos surge da necessidade de sobrepujar as limitações que restringem a atuação isolada de cada um. Tais limitações podem ser:
    a) de natureza física e biológica;
    b) de natureza psicológica e social.

As limitações biológicas aparecem no próprio sexo, pois a reprodução humana exige a cooperação. Elas podem ser ligadas à aplicação da energia corporal e ao meio; podem estar ligadas à percepção do meio, através dos sentidos; finalmente podem estar relacionadas com o entendimento ou a resposta ao meio que envolve o ser humano. Tais limitações, quando traduzidas em termos de habilidades, correspondem à força mecânica, habilidade sensorial, capacidade perceptiva, memória, imaginação, capacidade de escolha.

As limitações físicas são representadas pelo próprio meio e pelas dificuldades que ele cria à ação dos indivíduos. No domínio das forças da natureza aparece a cooperação humana, sem a qual não é possível cruzar rios, atravessar continentes, eliminar montanhas, vencer cataclismas.

Os fatores psicológicos que afetam a ação cooperativa para Barnard são aqueles definidos como combinações, resultantes e resíduos de fatores físicos, biológicos e sociais atuando no comportamento dos indivíduos. Isto porque, através de experiências passadas, tais fatores influenciam o comportamento presente através do mecanismo de memória, usada a palavra sem a restrição de procedimentos apenas conscientes.

Quanto aos fatores sociais limitativos da ação individual, Barnard diz que quando alguém entra em contato com outra pessoa, tenta consciente ou inconscientemente julgá-la em dois aspectos:

    a) seus poderes na situação e

    b) o seu grau de determinação dentro dos limites fixados pelos seus poderes.

Estas tentativas de julgamento se exteriorizam sob a forma de perguntas do tipo "Quem é ele?", "o que ele pode fazer?", "o que ele está tentando fazer?"

No contato entre indivíduos estas interações sociais são mútuas, e, embora não se constitua necessariamente no propósito do sistema cooperativo, não podem ser evitadas, afetando reciprocamente a ação de cada indivíduo. Esta influência pode ocorrer em direção favorável ou não à ação cooperativa, donde se constitui em um fator limitativo da mesma.

Barnard estuda a seguir as interações entre indivíduos e grupos, dizendo que o grupo é mais do que a soma das interações entre os indivíduos que o constituem e assim ele apresenta um sistema social que interage como um todo em relação ao indivíduo, afetando-o em sua ação favorável ou desfavoravelmente; isto ocorre por processos não-conscientes e não-lógicos embora o grupo possa também atuar de uma maneira consciente e deliberada com vistas ao indivíduo. Um sistema formal de cooperação exige objetivos, diz Barnard, e tais objetivos são produtos da cooperação. Os objetivos do grupo são em tese completamente distintos dos objetivos do indivíduo, dizendo-se que o grupo foi efetivo quando as metas dele, grupo, foram atingidas. Porém, quanto à eficiência da ação grupal, sua única determinante é o indivíduo, tendo em vista que satisfação de motivos é algo apenas individual. Deste conceito Barnard conclui que a eficiência cooperativa depende da maior ou menor extensão com que os desejos individuais forem satisfeitos; quando uma pessoa descobre que a sua contribuição não lhe dá satisfação, ela tende a cessar sua ação. Se sua contribuição for essencial ao sistema, ela passará a ser inefetiva como um todo.

Conclui Barnard que a sobrevivênvia da cooperação, portanto, irá depender de duas classes interdependentes de processos:

a) aqueles que olham o sistema cooperativo como um todo em relação ao meio;

b) aqueles ligados à criação e distribuição de satisfações entre indivíduos.

A função do executivo é aquela de assegurar a manutenção e a combinação apropriada entre esses dois processos.

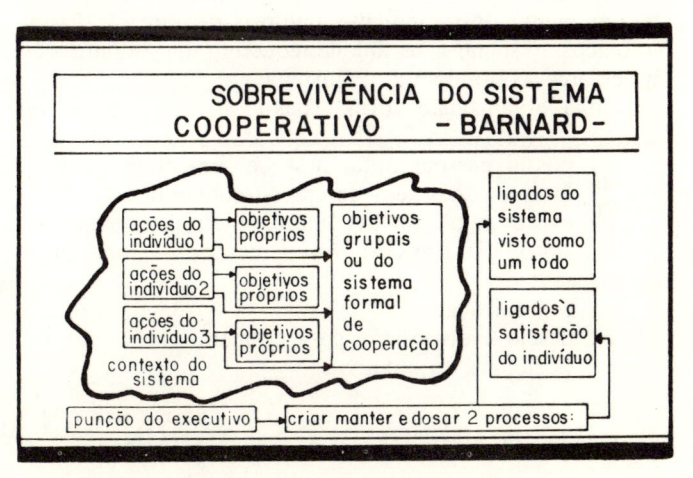

Quadro 8. A sobrevivência do Sistema Cooperativo (Barnard).

## 3. ESTUDO DAS ORGANIZAÇÕES FORMAIS

Barnard prefere descrevê-las em lugar de defini-las; diz serem associações do esforço cooperativo às quais se pode dar nomes, que têm locais próprios de encontro e trabalho, que possuem líderes reconhecidos e razões próprias para existirem, as quais em geral podem ser declaradas. Em tal descrição se encontram governos, bem como empresas comerciais e industriais. Diz Barnard que a organização formal é aquele tipo de cooperação entre homens que é consciente, deliberado. Reconhece que todos nós pertencemos simultaneamente a muitas organizações formais, mas que muito poucas são de longa duração, constituindo a cooperação formal bem sucedida a exceção, não a regra. A sobrevivência de uma organização para ele depende da manutenção de um equilíbrio complexo em um meio constantemente mutável de fatores físicos, biológicos e sociais, os quais requerem da organização um esforço contínuo de reajustamento.

Uma organização formal passa a existir como tal quando:
1) possui pessoas aptas a se comunicarem entre si;
2) estas pessoas têm desejo de cooperar;
3) existe um propósito comum, objeto da cooperação.

Portanto, diz Barnard, os elementos de uma organização são:
a) comunicação;
b) desejo e disposição para cooperar;
c) existência de objetivos.

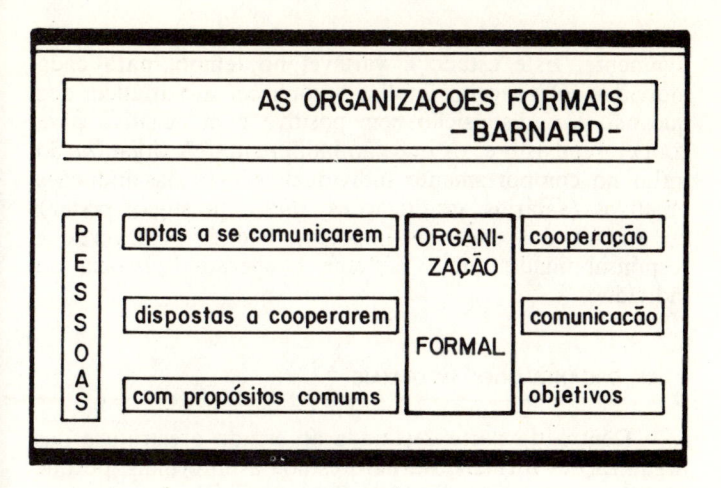

```
┌─────────────────────────────────────────────────────┐
│           AS ORGANIZAÇOES FORMAIS                   │
│                  -BARNARD-                          │
│                                                     │
│  P  │ aptas a se comunicarem │ ORGANI- │ cooperação │
│  E  │                        │ ZAÇÃO   │            │
│  S  │ dispostas a cooperarem │         │ comunicação│
│  S  │                        │ FORMAL  │            │
│  O  │                        │         │            │
│  A  │ com propósitos comuns  │         │ objetivos  │
│  S  │                        │         │            │
└─────────────────────────────────────────────────────┘
```

Quadro 9. As Organizações Formais (Barnard).

Quanto ao desejo de cooperar, Barnard vê nele uma despersonalização da ação individual, sem o que não é possível a manutenção da cooperação. Esta disposição tem infinitas graduações de intensidade, podendo flutuar desde valores fortemente positivos; ele acha que apenas 53 uma pequena minoria atua com vontade de cooperar positivamente. Este estado é variável no tempo, para cada indivíduo. O conceito implica reconhecer a existência dos que não têm disposição nem positiva nem negativa para cooperarem, isto é, os que são indiferentes. A organização influi no comportamento individual através das induções objetivas (salários, gratificações, *status,* prestígio, poder) ou através dos encargos impostos, isto é, os deveres, a responsabilidade que o sistema cooperativo associa ao indivíduo.

### 4. AS ORGANIZAÇÕES INFORMAIS

Dentro da parte destinada ao estudo e estrutura das organizações formais, Barnard estuda as informais, porque diz, elas existem sempre, indefinidamente e criam as condições nas quais a organização formal pode nascer e mais tarde pode desaperecer.

As características das pessoas de estarem freqüentemente em contato e de interagirem mutuamente de modo contínuo e repetitivo, sem nenhum propósito específico é que geram as organizações informais; elas não têm estruturas, propósitos e divisões definidas. No entanto, são responsáveis por estabelecer certas atitudes, hábitos e instituições. Ela leva ao reconhecimento de necessidades e interesses similares, decorrente da repetição e multidireção de contatos, o que acaba gerando a criação de sistemas cooperativos formais. Barnard justifica estas ações dizendo que a necessidade essencial do indivíduo é a associação e que isto requer ação, "fazer alguma coisa"; este raciocínio explica por que a camaradagem estimula mais o soldado à ação do que o patriotismo.

**A ORGANIZAÇÃO INFORMAL – BARNARD –**

- sem propósitos específicos
- contatos repetitivos e multidirigidos
- sem estrutura e propósitos definidos
- pessoa

Quadro 10. A Organização Informal (Barnard).


Quando as organizações formais são criadas, elas geram automaticamente as informais; Barnard reconhece que uma de suas funções indispensáveis é prover o formal de um sistema de comunicações, bem como manter seus componentes coesos; ao lado destas funções, a organização informal é ainda responsável pela manutenção de sentimentos de integridade pessoal, auto-respeito, espíritos independentes; ela serve também como um meio de manter a personalidade de um indivíduo contra certos efeitos da organização formal que tendem a desagregar a personalidade.

## 5. A TEORIA DA AUTORIDADE

Na terceira parte de seu livro, Barnard aborda o comportamento das pessoas nas organizações; dentre os aspectos levantados se sobressai a teoria da autoridade, completamente em desacordo com os ensinamentos da escola clássica. Diz ele que qualquer teoria sobre autoridade deve ser consistente com o que ocorre realmente nas unidades mais simples da organização.

Barnard observou durante muitos anos como as ordens, de uma maneira geral, são desobedecidas; em determinadas ocasiões e circunstâncias a autoridade é inefetiva e a sua violação é aceita como uma questão de fato, sendo as implicações dela decorrentes desconsideradas por quem possui a autoridade. Baseado em tais observações Barnard cria sua própria definição:

> autoridade é o caráter de uma comunicação (ordem) em uma organização formal em virtude do qual ela (a comunicação) é aceita pelo contribuinte ou membro da organização como governando a ação para a qual ele contribui[2].

De acordo com esta definição, a autoridade envolve dois aspectos: primeiro o subjetivo, pelo qual a pessoa aceita ou não a comunicação como uma ordem; em segundo, o objetivo, isto é, o conteúdo que faz com que a comunicação seja aceita como ordem. É muito importante perceber que *apenas* o receptor da comunicação à qual ela é endereçada pode decidir se vai encará-la como uma ordem ou não.

---

2. *Op. cit.*, p. 163.

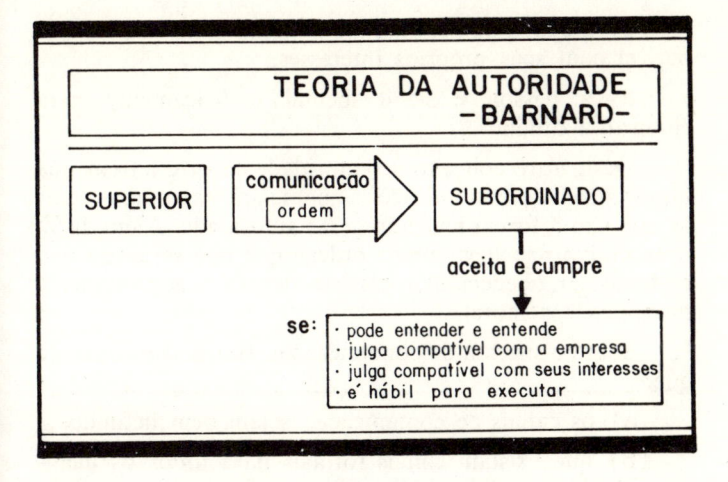

```
┌─────────────────────────────────────────────┐
│           TEORIA DA AUTORIDADE              │
│               -BARNARD-                     │
│                                             │
│  SUPERIOR  comunicação  ▷  SUBORDINADO      │
│              ordem                          │
│                          aceita e cumpre    │
│                          ↓                  │
│         se: · pode entender e entende       │
│             · julga compatível com a empresa│
│             · julga compatível com seus interesses│
│             · é hábil para executar         │
└─────────────────────────────────────────────┘
```

Quadro 11. A Teoria da Autoridade (Barnard).


A teoria da aceitação de autoridade de Barnard, desenvolvida a partir dos conceitos expostos é a seguinte: uma pessoa pode e de fato aceitará uma comunicação como autoritária quando quatro condições ocorrerem simultaneamente:

a) a pessoa pode e entende a comunicação;

b) na época da decisão, ela julga que a ordem é compatível com os propósitos da organização;

c) à época da decisão, ela julga que a ordem é compatível com seus próprios interesses;

d) a pessoa é hábil mental e fisicamente para cumprir a ordem[3].

Deste novo conceito de autoridade decorre a tremenda importância de comunicações que sejam entendidas, pois as que não o forem não irão gerar autoridade. Além disto, o executivo não deve emitir ordens que não serão ou não poderão ser obedecidas, pois isto destrói a autoridade, a disciplina e a moral.

Sobre o sistema de comunicações, Barnard recomenda que:

a) os canais de comunicação sejam bem definidos;

b) que existam canais formais para todos os membros da organização;

c) que a linha de comunicação seja a mais direta e a mais curta possível;

d) que a linha toda seja comumente utilizada;

e) que os responsáveis pelos centros de comunicação sejam competentes; e que

f) todas as comunicações sejam autenticadas.

## 6. AS FUNÇÕES DO EXECUTIVO

A parte final do livro de Chester I. Barnard é dedicada ao exame de quais devem ser as funções do executivo. Barnard distingue primeiramente dois tipos de trabalho, um que é o da própria organização e outro que é o de

3. *Op. cit.*, p. 165.

manter a organização em operação. Para ele apenas o segundo é chamado trabalho do executivo; o primeiro tipo é encontrado freqüentemente em todos os níveis de organização, desde o operário que manobra uma máquina, até o presidente, que sai para efetuar ele próprio algumas vendas para a empresa. Daí sua definição de "serem as funções do executivo o trabalho de manter sistemas de esforços cooperativos"[4]. Barnard destaca três subfunções que compõem a função principal:

a) *Criação e manutenção de sistemas de comunicações:* esta função envolve: a) estabelecimento de um esquema da organização, com a constituição da mesma; b) seleção do pessoal executivo, fixação dos incentivos

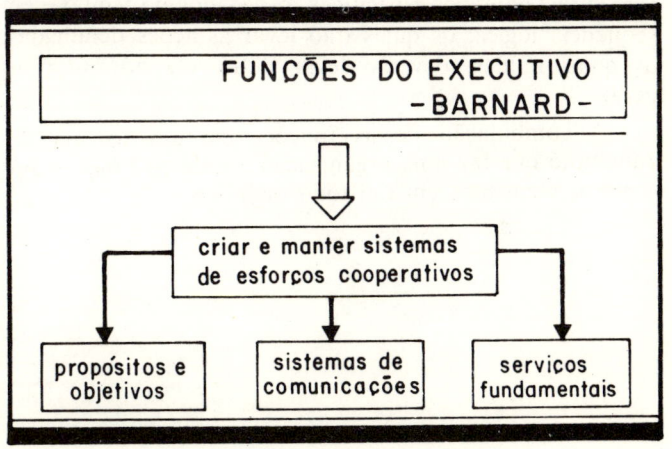

Quadro 12. As funções do Executivo (Barnard).

4. *Op. cit.*, p. 216.

individuais; c) manutenção da organização informal, através de seleção e promoção de executivos obedecendo uma escala de compatibilidades pessoais, dos tipos educacionais, sociais, econômicas, etc.

b) *Promoção da garantia dos serviços fundamentais à organização, cumpridos pelos indivíduos:* esta função do executivo é vista como a obtenção de relações cooperativas das pessoas para com a organização, através de induções sobre elas, da manutenção da moral, da fixação de incentivos.

c) *A formulação de propósitos e objetivos:* da fixação dos propósitos gerais do esforço cooperativo formal é que irão surgir objetivos específicos, ordenados no tempo e em seqüência lógica, os quais irão levar as ações detalhadas, as quais unidas, deverão levar outra vez ao propósito geral.

A combinação destas funções em um sistema de trabalho é que faz uma organização, sendo as funções em si meros elementos em um todo orgânico.

# 7. A TEORIA DA DECISÃO: SIMON

Baseando-se parcialmente nos escritos de Barnard, Herbert Simon, americano que se dedicava às funções públicas, escreveu em 1945 *Administrative Behavior*[1], onde ele encara o processo decisório como o elemento fundamental para a obtenção dos fins almejados pelas organizações.

O pensamento de Simon iniciou uma nova escola de administração, a do processo decisório, tendo se unido a ele posteriormente muitos outros estudiosos. Segue-se nos tópicos abaixo um resumo do seu modo de encarar o comportamento administrativo.

## 1. O PROBLEMA DAS TEORIAS ADMINISTRATIVAS

Simon inicia seu livro procurando mostrar como a teoria clássica de Administração é falha, pois que, para todo princípio pode-se encontrar outro contraditório, igualmente aceitável em sua aparência. Assim, ele escolhe quatro princípios clássicos e procura demonstrar para cada um, a ambigüidade de ação a que conduzem; esta discussão será sumariada a seguir:

[1]. H. SIMON, *Comportamento Administrativo*, trad. do Prof. Aluizio L. Pinto, São Paulo, Fundação Getúlio Vargas.

— *Especialização:* este princípio diz que a eficiência administrativa aumenta com a especialização do trabalho entre os elementos do grupo;

ora, diz Simon, a ambigüidade pode ser percebida quando ele é enunciado como se segue: A eficiência administrativa é aumentada por meio de uma especialização de tarefas entre os membros do grupo, realizada de modo a se produzir maior eficiência[2].

Resulta daí que a questão básica não é, para uma organização, se especializar, e sim especializar-se de modo a conseguir atingir os seus objetivos finais com máxima eficiência. Portanto a adoção não garante a eficiência administrativa assim como não leva necessariamente a ineficiência administrativa; a especialização é simplesmente uma decorrência do esforço grupal e portanto um meio para obtenção dos fins almejados.

— *Unidade de comando:* o princípio diz que

a eficiência administrativa cresce quando as pessoas da organização são dispostas hierarquicamente de tal modo que qualquer subordinado receba ordens de um único superior.

Simon menciona que o principal defeito deste princípio é sua incompatibilidade com a da especialização; o próprio Taylor que era adepto desta, negou a unidade de comando ao adotar o conceito da autoridade funcional. A questão é, pois, ligada ao fato de que a especialização, que é natural em sua ocorrência, gera pessoas que estão mais aptas a fornecer elementos para as decisões do que um particular superior hierárquico; este, exatamente por não poder ser especialista em tudo, faculta aos seus subordinados a consulta e o apoio em órgãos especializados, os quais passam a exercer sobre estes uma autoridade

2. *Op. cit.*, p. 25.

funcional através de sua recomendação. Portanto os dois princípios, o da especialização e o da unidade de comando simplesmente se contradizem, sem indicar qualquer meio de dirimir o conflito, diz Simon. Ele crê que a unidade de comando, a rigor, inexiste nas organizações administrativas, devido à prioridade que nelas recebe a especialização.

— *Alcance de controle:* O princípio diz que "a eficiência administrativa aumenta com a redução do alcance do controle"; isto quer dizer que quanto menor for o número de subordinados ligados a um superior, tanto mais eficiente será ele em seus objetivos. Alguns estudiosos inclusive têm procurado fixar o número ideal de subordinados, embora as discrepâncias de opinião sejam grandes, indo desde 3 até 20 ou mais, portanto este princípio, mesmo entre aqueles que nele acreditam, é bastante controvertido. A observação de que, em casos reais, ocorreu aumento da eficiência administrativa quando se ampliou em lugar de se reduzir o alcance do controle, acaba por destruir completamente o princípio. Dentro desta idéia, Simon enuncia o princípio oposto:

> A eficiência administrativa é aumentada pela redução, ao mínimo, do número de níveis e organizações, através dos quais um assunto deve transitar até sua decisão final[3].

Isto quer dizer, que pela eliminação de níveis intermediários desnecessários pode se reduzir as despesas operacionais, melhorar o fluxo descendente da ordem e o fluxo ascendente de informações, aumentando-se assim a eficiência administrativa. Obviamente o enunciado contrário proposto por Simon invalida ambas afirmações como sendo princípios gerais de administração.

3. *Op. cit.*, p. 30.

— *Departamentalização:* o princípio diz que

a eficiência aumenta quando as pessoas, em uma organização, são agrupadas por propósito, processo, clientela ou área geográfica.

Simon inicia suas críticas mostrando que a distinção entre propósito e processo não existe em escala substancial, pois os propósitos formam entre si uma hierarquia, de tal modo que cada um contribui para um objetivo mais amplo e mais próximo do fim; desta maneira, qualquer propósito tem natureza processual dentro de hierarquia.

Quanto à departamentalização por clientela, ou por área geográfica, elas tanto podem estar contidas como poderão conter subáreas divididas por propósitos e por processos. Portanto o princípio não ajuda em nada aos executivos decidirem como suas áreas operativas deveriam ser estruturadas.

Para exemplificar a inoperância do princípio imagine-se o problema de se escolher em que departamento deveria ficar a Seção de Treinamento de operários, se com a Produção ou se com Relações Industriais; na primeira hipótese, a da Produção, seus funcionários iriam estar familiarizados com as técnicas de fabricação, porém não teriam os conhecimentos didáticos modernos para treinar os operários; na segunda hipótese, a de R. I., os métodos mais adequados para lidar com pessoas e ensiná-las seriam conhecidos, porém as técnicas de fabricação teriam que ser absorvidas pelo instrutor. Posta a questão desta maneira, não há nenhum indício que a primeira ou a segunda posição sejam as melhores.

Qual a conclusão de Simon sobre a teoria defendida pela escola clássica? Ele crê que dos escombros que restaram pode-se aproveitar quase tudo: que as dificuldades surgem do fato de se querer tratar como princípios de administração afirmações que são apenas critérios para descrever situações administrativas.

Baseado nestas críticas, Simon propõe o caminho para sua teoria, a qual deve, segundo ele, ocupar-se simultaneamente dos processos de decisão e dos processos de ação.

A maneira tradicional de conceber administração faz com que se dê maior destaque ao que é realmente feito e muito pouca atenção à escolha que antecede qualquer ação, isto é, à determinação do que se deve fazer[4].

## 2. FATOS E VALORES NO PROCESSO DECISÓRIO

Diz Simon que toda decisão se compõe de 2 elementos, o de "fato" e o de "valor", retirando ele tais idéias da escola filosófica do positivismo lógico.

As proposições de fato ou fatuais podem ser testadas, a fim de constatar suas veracidades, pois são afirmações sobre coisas concretas. No entanto, as decisões muitas vezes mais do que afirmações fatuais, envolvendo elementos valorativos, isto é, elementos que possuem um conteúdo ético, do tipo "isto é bom", "assim é preferível". Decorre daí que as decisões podem ser consideradas apenas em caráter relativo, umas em relação às outras, esta sendo melhor do que aquela em certas conseqüências e pior em outros aspectos; portanto não há decisão "correta" ou "errada", "falsa" ou "verdadeira". A decisão só poderá ser avaliada à luz dos objetivos a que ela visa atingir e do fato de ter ou não os atingidos, o que, *per si,* é um julgamento fatual.

4. *Op. cit.,* p. 1.

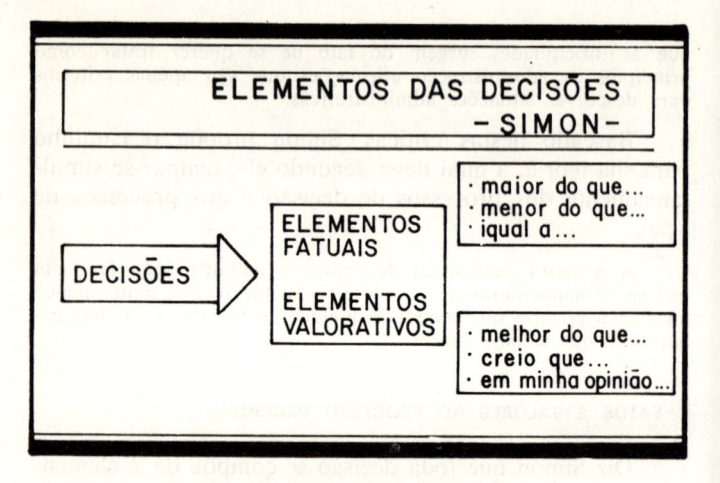

```
┌─────────────────────────────────────────────┐
│         ELEMENTOS DAS DECISÕES              │
│               – SIMON –                     │
│                                             │
│                          · maior do que...  │
│              ┌──────────┐· menor do que...  │
│              │ELEMENTOS │· igual a...       │
│  ┌────────┐  │FATUAIS   │                   │
│  │DECISÕES│➤ │          │                   │
│  └────────┘  │ELEMENTOS │                   │
│              │VALORATIVOS│ · melhor do que... │
│              └──────────┘ · creio que...    │
│                           · em minha opinião...│
└─────────────────────────────────────────────┘
```

Quadro 13. Elementos das Decisões (Simon).

### 3. A RACIONALIDADE NO COMPORTAMENTO

Para Simon não existem decisões perfeitas; apenas umas são melhores do que outras quanto às conseqüências reais que acarretam. O administrador, tentando proceder de maneira racional em suas ações, precisa freqüentemente escolher entre diferentes alternativas, as quais se diferenciam entre si pelas suas conseqüências; estas, por sua vez estão ligadas aos fins que a organização, como um todo, visa atingir e aos objetivos específicos que determinada ação deseja obter. Em outras palavras, o processo decisório racional implica comparar caminhos distintos através da avaliação prévia das conseqüências decorrentes de cada um deles e do confronto entre tais conseqüências e as metas que se deseja atingir. O critério norteador empregado na decisão é a "eficiência", entendida como a "obtenção de resultados máximos com meios limitados"[4a].

Para tentar elucidar o que seja um meio e o que seja um fim, Simon lança mão da idéia de hierarquia: uma contração muscular é meio para obtenção de um movimento; por exemplo, movimentar um dedo, esta ação pode ser encarada como um fim apenas parcial pois ela em si é meio para se atingir um fim de ordem maior, como o de apertar a tecla de uma máquina de escrever; por sua vez, este movimento é apenas meio para se conseguir uma carta datilografada, a qual, além de ser fim parcial, constitui um meio de alguém expressar idéias a outras pessoas através da comunicação escrita. Portanto, os objetivos visados pelas ações das pessoas obedecem entre si a uma hierarquia onde um nível qualquer é fim em relação ao nível mais baixo e meio em relação aos de ordem maior. O problema, para Simon, é que nunca os indivíduos têm, de uma maneira consciente, uma idéia completa desta hierarquia de objetivos da organização, sendo as metas finais muitas vezes formuladas de maneira obscura e contraditória; porém é tal estabelecimento de hierarquia, incompleta e incoerente em alguns aspectos, o único traço de racionalidade do comportamento administrativo.

No processo decisório, a escolha de uma alternativa qualquer implica a renúncia de determinados fins. Cada ação efetuada dentro da alternativa escolhida, implica a

4a. *Op. cit.*, p. 77.

criação de novas situações, irreversivelmente colocadas no tempo.

O conjunto de decisões tomadas para ações posteriores constitui uma estratégia; quando o administrador escolhe uma estratégia ele segue o seguinte caminho:

a) relaciona todos os possíveis cursos de ação;

b) determina as conseqüências de cada estratégia;

c) faz a avaliação comparativa do grupo de conseqüências;

d) procura escolher a que seja mais eficiente para obtenção dos fins últimos por ele visados.

```
                    PROCESSO DECISÓRIO
                        -SIMON-

DETERMINAR

[alternativa 1]   [alternativa 2]   [alternativa n]

RELACIONAR

[conseqüências]   [conseqüências]   [conseqüências]

ESTABELECER CRITÉRIOS

[avaliação]       [avaliação]       [avaliação]

ESCOLHER    [alternativa "x"] ▷   [objetivos]
```

Quadro 14. Elementos do processo decisório (Simon).

A situação se torna mais complexa quando se considera o grupo de indivíduos envolvidos e as várias decisões que cada um deles tem que tomar, pois o curso de ação escolhido por um irá afetar as decisões dos demais. Se os objetivos últimos não forem claros (e idênticos em interpretação) para todos, a ação global será ineficiente. A esta ação conjunta Simon chama "cooperação"; ao esforço de informar a cada elemento do grupo à respeito dos fins almejados e do comportamento dos outros participantes Simon denomina "coordenação".

Terminando o exame de racionalidade, Simon ressalva que o conceito do que seja "racional" só fica claro quando tal vocábulo é empregado ao lado do advérbio apropriado. Assim, o comportamento de um soldado, que se esconde enquanto seu colega morre para destruir um nicho de metralhadora a sua frente, é subjetivamente racional, (ele salvou sua vida não se arriscando) e objetivamente irracional, porque não se adaptou ao comportamento esperado pelos objetivos da guerra da qual estava participando[5]. Igualmente, poder-se-á ter racionalidades conscientes, deliberadas, organizativas, pessoais, etc. O conceito assim exposto é importante para o estudo do comportamento humano.

### 4. O ESTUDO PSICOLÓGICO DAS DECISÕES

Neste capítulo Simon procura estudar a anatomia da decisão com o objetivo de entendê-la e portanto podê-la dirigir para os objetivos da organização. Diz ele que o comportamento de um indivíduo dificilmente apresenta elevada racionalidade objetiva porque, ao decidir, o número de alternativas que ele deveria examinar e as

5. *Op. cit.*, p. 90.

informações que ele iria precisar para as avaliar é muito grande, além de suas possibilidades de análise. Então a decisão se dá através de "pressupostos", os quais são premissas assumidas pelo indivíduo para basear sua escolha. A função da organização neste aspecto é propiciar, às pessoas que decidem, as informações que elas necessitam no tempo hábil para que possam ser bem sucedidas na escolha. Igualmente, diz Simon, a empresa deve gerar em seus elementos ambientes psicológicos que condicionem suas decisões aos objetivos da organização, acima de tudo.

Pesquisando quais são os elementos básicos do processo de escolha, Simon indica os seguintes pontos:

a) *Aptidão para aprender:* o ser humano, para aprender a andar, tenta movimentar-se apoiando-se em suas próprias pernas, observa as conseqüências desses movimentos e os corrige até obter o fim desejado; no caso geral, ele passa por uma etapa de iniciação ou exploração, acompanhada de outra etapa de correção e adaptação. Ao lado deste método, caracteristicamente experimental, o ser humano aprende também através da transmissão de conhecimentos e da "inferência", pela qual, de pequenas experiências, ele tira conclusões com validade maior.

b) *Memória:* cada vez que um acontecimento se repete, as informações são retiradas pela memória para servirem ao indivíduo de casos semelhantes que tenham ocorrido antes. Simon lembra que a memória artificial (bibliotecas, arquivos, registros) exerce importante fator paralelo nas organizações.

c) *Hábito:* é outro elemento básico do mecanismo de escolha pois poupa o esforço mental nas decisões de caráter repetitivo; em face a estímulos que já ocorreram em situações anteriores, o ser humano, sem precisar deliberar conscientemente, age adequadamente. Simon lembra que o hábito tem seu equivalente nas organizações na "rotina organizativa"[6].

d) *Os estímulos:* eles se constituem nos sinais que chamam a atenção do indivíduo, requerendo como resposta sua ação. Normalmente são eles em quantidade muito maior do que as ações que podem ser efetuadas. Às vezes, em face a muitos estímulos e sem conseguir avaliar todos os cursos alternativos de comportamento, o indivíduo pode ficar inativo ou deixar passar o momento certo para atuar. Em posições de chefia a atenção do executivo para um determinado problema concreto depende do tipo de estímulo recebido dos que lhe apresentaram a questão.

e) *A persistência do comportamento:* uma vez escolhido um curso de ação, o ser humano tende a persistir nele em virtude de que a mudança, após o início, pode ser mais "cara" a ele, pois todo o processo de decisão e o percurso até onde sua ação já se encontra lhe custou tempo e, eventualmente, recursos materiais e financeiros.

Esboçada a anatomia da decisão, Simon passa a analisar de que maneira a organização pode influir na decisão de seus elementos. Os caminhos são os seguintes[7]:

a) *Divisão de tarefas:* ao fazê-la, a empresa dirige e limita a atenção de cada um dos seus funcionários para atividades e funções específicas.

b) *Padrões de desempenhos:* fixando-os eles servirão de guia para a conduta em direção à racionalidade organizativa e para a atividade de controle.

---

6. Nomenclatura de Edwin Stene, citado na p. 105 da *Op. cit.*
7. *Op. cit.*, p. 121.

c) *Sistemas de autoridade e influenciação:* constituem meio importante para condicionar o comportamento; se estabelecem pela hierarquia formal e pelo sistema informal de influenciação.

d) *Canais de Comunicação:* se estendem em todas as direções propiciando o fornecimento de informações vitais no processo decisório de toda organização.

e) *Treinamento e doutrinação:* como diz Simon, pretende a organização por estes meios "injetar no sistema nervoso dos membros da organização os critérios de decisão que a mesma deseja empregar"[8].

Simon encerra sua obra através da advertência de que não está tentando oferecer conselhos sobre como as organizações *devam* ser planejadas e administradas; seu objetivo foi mostrar a anatomia e fisiologia da organização, certo de que, quem entender como ela funciona saberá planejá-la e administrá-la com sucesso.

---

8. *Op. cit.*, p. 122.

# 8. A ESCOLA MATEMÁTICA

A aplicação de conhecimentos matemáticos a problemas de empresas tem se constituído em uma tendência cada vez maior nos últimos 20 anos; para ela contribuíram três fatores principais:

a) *ênfase do processo decisório:* a partir da obra de Herbert Simon, uma avalancha de estudiosos de Administração tem ressaltado a importância da tomada de decisões no sucesso de qualquer sistema cooperativo.

b) *existência de decisões programáveis:* embora seja universalmente reconhecida a complexidade do processo decisório, é verificável que existem uma série de decisões que podem ser quantificadas através de modelos matemáticos; muitas vezes recorre-se a simplificações em relação aos fatos reais, porém as conclusões tiradas através dos modelos são úteis na decisão.

c) *progresso do computador:* a aplicação das técnicas matemáticas, desenvolvidas em sua maioria há muitos anos, tem se tornado viável *apenas* graças ao computador; contas que envolvem dezenas de horas de máquinas de calcular são efetuadas em minutos pelos cérebros eletrônicos.

A escola matemática aplicada aos problemas administrativos é também conhecida com o nome de "Pesquisa Operacional", título consagrado universalmente, porém que nada permite deduzir sobre seus objetivos.

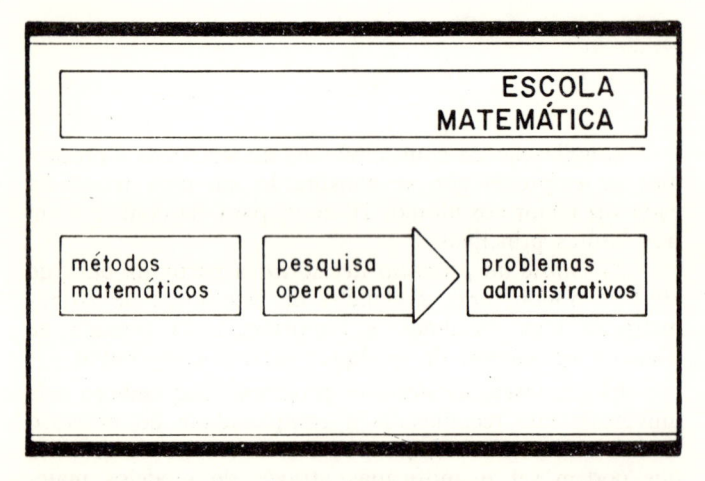

Quadro 15. O propósito da "Escola Matemática", em Administração.

A Pesquisa Operacional foi concebida durante a Segunda Guerra para, através do uso do método científico de investigação e experimentação melhorar a utilização dos armamentos e técnicas de ataques utilizados pelos aliados; porém tais investigações se davam não no âmbito de laboratório, mas ao lado das próprias operações de guerra. Após 1945, em vista do sucesso de seu emprego, a Pesquisa Operacional foi estendida à área das empresas públicas e privadas, para ser empregada como ferramenta auxiliar do administrador. Para um primeiro contato com o assunto, o leitor poderá consultar o livro *Great ideas of Operation Research*, de Jagjit Sing, Editora Dover. Nos tópicos seguintes se apresenta um resumo de suas principais técnicas.

### 1. PROGRAMAÇÃO LINEAR

Trata-se de um modelo matemático que cuida da otimização de problemas; suas áreas de aplicação recaem nos casos seguintes:

a) *minimização de entradas,* isto é, a procura de recursos iniciais mínimos que asseguram determinada saída;

b) *maximização de saídas,* isto é, a procura de valores finais máximos através da melhor combinação de recursos fixos de entradas;

c) *maximização de relações,* entre saídas e entradas, tais como o lucro (diferença entre elas) ou o retorno sobre o investimento (quociente).

### 2. TEORIA DOS JOGOS

Trata-se de selecionar um curso de ação de vários caminhos possíveis, através da (*a*) consideração das conseqüências favoráveis e desfavoráveis inerentes a cada um e (*b*) da probabilidade de ocorrência de cada alternativa possível.

## 3. TEORIA DAS FILAS

Procura ela maximizar a prestação de um serviço qualquer a uma série de "clientes" (pessoas ou não) que chegam ao(s) posto(s) segundo determinada lei e são atendidos por certos critérios. A elaboração de um modelo matemático pode indicar que mudanças no atendimento alteram a situação da fila de "auto-agravante" para "auto-melhora", além de mostrar a maneira mais econômica de realizar tais alterações.

## 4. USO DE MODELOS DE SIMULAÇÃO

Tais modelos foram designados por J. Von Neumann como "similação de Monte Carlo", são caracterizados por analogias destinadas a resolver problemas que são muito complexos para serem equacionados analiticamente e muito caros para serem resolvidos através de experiências. O uso de modelos de simulação, graças ao emprego de computadores, tem se tornado possível e interessante em uma série de aplicações em empresas.

Embora a escola matemática de administração não se constitua propriamente em uma "escola", como o é a clássica ou a de relações humanas, ela pode ser vista como uma tendência de um grupo de estudiosos, que certamente ganhará mais adeptos e crescerá em importância para as empresas nos próximos anos.

# 9. CONCLUSÕES

Embora a discussão entre as idéias defendidas pelas escolas de Administração possa parecer acadêmica e desprovida de valor prático, ela não o é, pois os executivos de todos os níveis em empresas públicas ou privadas estão a todo momento se confrontando com problemas de como estruturar uma indústria, como definir as responsabilidades de um departamento, como descentralizar um serviço público, como gerir uma usina de aço, uma fábrica de automóveis ou uma cadeia de lojas de varejo. Estes executivos, em face dos problemas que devem resolver, estão constantemente à procura de diretrizes que, se adotadas, lhe garantam sucesso, donde decorre a importância da discussão entre idéias aparentemente antagônicas sobre como se deve administrar sistemas cooperativos.

Na delineação destas conclusões, algumas observações devem servir de base ao raciocínio que será seguido:

a) Todos os estudiosos que têm se dedicado ao estudo de Administração ou têm se tornado nomes de destaque, ou exercem durante muito tempo atividades em empresas, testando suas idéias na prática (caso de Taylor, Fayol,

Barnard, Simon e muitos outros) ou elaboraram suas teorias através de experiências sérias, em geral desenvolvidas em indústrias, com o apoio de universidades (caso de Elton Mayo, I. J. Roethlisberger e outros).

b) Qualquer que seja a teoria de administração do futuro, ela, para se impor como tal, deverá ter ampla aceitação, ter eficácia comprovada na real utilização de seus ensinamentos e ser facilmente assimilável pelos estudiosos.

c) A teoria escolhida deverá conciliar, de maneira harmônica, a racionalidade que a empresa busca, em geral ligada fortemente a aspectos econômicos, com os aspectos humanos (e não necessariamente racionais) das pessoas que nela trabalham.

Ressalvados tais aspectos, podemos concluir que o que tem ocorrido com as escolas de Administração não são fortes contradições ou contestações que em tudo as invalidem; pelo contrário, o que temos visto é uma evolução, um aprimoramento, onde algumas controvérsias têm acontecido, mas os resultados finais continuam crescendo em valores positivos.

Resumindo, podemos concluir:

1) O arcabouço da escola clássica continua válido e serve como modelo para a grande maioria de administradores.

2) A contribuição dos psicólogos e sociólogos, representados por Elton Mayo e Chester Barnard introduz vários aspectos novos úteis, tais como a motivação, a existência de grupos informais, a teoria da aceitação da autoridade.

3) A ênfase trazida ao processo decisório por Herbert Simon é importante elemento na atividade dos executivos, o qual, devido ao tremendo avanço dos computadores, tem assumido importância crescente.

4) A contribuição dos modelos matemáticos, aliados a estatísticas, tem oferecido, graças outra vez aos computadores, contribuições reais cada vez maiores, saindo dos aspectos teóricos e acadêmicos para o campo das aplicações práticas.

5) A pesquisa em torno da Teoria de Administração, do estudo do homem e de seu comportamento constituem áreas de crescimentos exponenciais, o que, como decorrência, irá exigir do administrador de amanhã, ao lado da complexidade também crescente dos problemas organizacionais, um preparo cada vez maior e mais dirigido ao campo que aqui se aborda, o da teoria e prática de Administração.

# BIBLIOGRAFIA

BARNARD, Chester. *The Functions of the Executive*. Harvard University Press.
BERTALANFFY, L. Von. *Teoria Geral dos Sistemas*. Editora Vozes.
BROWN, J.A.C. *Psicología Social en la Industria*. Fondo de Cultura Económica.
COZZOLINO, J.M. & SHIV, K.G. *Fundamentals of Operations Research for Management*. Holden-Days, Inc.
DALE, E. *Managment, Theory and Practice*. International Student Edition.
FAYOL, H. *General and Industrial Management*. Pitman Paperbacks.
MERRIL, H.I. *Classics in Management*. American Management Association.
SILVA, Benedicto. *Taylor e Fayol*. Fundação Getúlio Vargas.
SIMON, Herbert. *Comportamento Administrativo*. Fundação Getúlio Vargas.
TAYLOR, F.W. *Princípios de Administração Científica*. Tradução do original em inglês. Editora Atlas.
WEBER, Max. *História Geral da Economia*. Editora Mestre Jou.

Coleção ELOS

1. *Estrutura e Problemas da Obra Literária*, Anatol Rosenfeld.
2. *O Prazer do Texto*, Roland Barthes.
3. *Mistificações Literárias: "Os Protocolos dos Sábios de Sião"*, Anatol Rosenfeld.
4. *Poder, Sexo e Letras na República Velha*, Sergio Miceli.
5. *Do Grotesco e do Sublime.* (Tradução do "Prefácio" de *Cromwell*), Victor Hugo (Trad. e Notas de Célia Berrettini).
6. *Ruptura dos Gêneros na Literatura Latino-Americana*, Haroldo de Campos.
7. *Claude Lévi-Strauss ou o Novo Festim de Esopo*, Octavio Paz.
8. *Comércio e Relações Internacionais*, Celso Lafer.
9. *Guia Histórico da Literatura Hebraica*, J. Guinsburg.
10. *O Cenário no Avesso (Gide e Pirandello)*, Sábato Magaldi.
11. *O Pequeno Exército Paulista*, Dalmo de Abreu Dallari.
12. *Projeções: Rússia/Brasil/Itália*, Bóris Schnaiderman.
13. *Marcel Duchamp ou o Castelo da Pureza*, Octavio Paz.
14. *Os Mitos Amazônicos da Tartaruga*, Charles Frederik Hartt (Trad. e Notas de Luís da Câmara Cascudo).
15. *Galut*, Izack Baer.
16. *Lenin: Capitalismo de Estado e Burocracia*, Leôncio Martins Rodrigues e Ottaviano De Fiore.
17. *As Teses do Círculo Lingüístico de Praga.*
18. *O Texto Estranho*, Lucrécia D'Aléssio Ferrara.
19. *O Desencantamento do Mundo*, Pierre Bourdieu.
20. *Teorias da Administração de Empresas*, Carlos Daniel Coradi.
21. *Duas Leituras Semióticas*, Eduardo Peñuela Cañizal.
22. *Em Busca das Linguagens Perdidas*, Anita Cevidalli Salmoni.
23. *A Linguagem de Beckett*, Célia Berrettini.
24. *Política, Jornalismo e Participação*, José Eduardo Faria.
25. *Idéia do Teatro*, José Ortega y Gasset.
26. *Oswald Canibal*, Benedito Nunes.
27. *Mário de Andrade/Borges*, Emir Rodríguez Monegal.

Este livro foi composto na
**LINOLETRA**
e impresso nas oficinas da
**IMPRENSA METODISTA**

# O Direito Internacional no Pensamento Judaico

Coleção ELOS
Dirigida por J. Guinsburg

Equipe de realização — Tradução: Dra. Marina Kawall Nóbrega; Revisão: Décio Milnitzky e Nanci Fernandes; Produção: Plinio Martins Filho.

A edição deste livro em língua portuguesa constitui um esforço da Associação Universitária de Cultura Judaica, para enriquecer o acervo bibliográfico brasileiro com estudos acadêmicos sobre o Judaísmo.

Prosper Weil

# O Direito Internacional no Pensamento Judaico

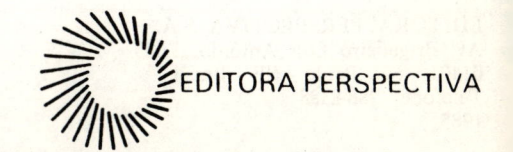

EDITORA PERSPECTIVA

Título do original francês
*Le Droit International dans la Pensée Juive*
Cap. 1 do livro *Le Judaisme et le Devéloppement du Droit International, Recueils des cours, 1976.*

Direitos em língua portuguesa reservados à
*Associação Universitária de Cultura Judaica*

EDITORA PERSPECTIVA S.A.
Av. Brigadeiro Luís Antônio, 3.025
01401 - São Paulo - SP - Brasil
Telefone: 288-8388
1985

# SUMÁRIO

Prefácio — *Celso A. Mello* ...................... 7
Introdução ...................................... 11

1. O DIREITO INTERNACIONAL NO PENSAMENTO JUDAICO ................................. 19
   Seção 1. *Os Dados do Problema* ................ 19

   1. *O Interesse do Judaísmo pelas Relações Internacionais* ................................. 19

   2. *As Dificuldades do Estudo* ................. 22
      Imprecisão dos Conceitos de Judaísmo e de Pensamento Judaico ........................... 23
      Um Pensamento Parcialmente Pré-Estatal ..... 25
      Experiência Vivenciada ou Prática Normativa? 26
      Concessões ao Espírito do Tempo ............ 28
      Um Pensamento pouco Adaptado ao Sistema .. 29

   Seção 2. *A Visão de uma "Societas Gentium"* ..... 33
   1. *A Unidade do Gênero Humano* ............... 34
   2. *O Pluralismo das Nações* .................. 35

   Seção 3. *A Visão de um "Jus Gentium"* .......... 39

   Seção 4. *A Visão de um "Jus Inter Gentes"* ...... 42

   1. *O Direito da Paz* ......................... 43
      a) *As Relações Interestatais* .............. 43
         O Direito dos Tratados .................. 43
         O Território ............................ 49
         O Direito de Passagem Inocente .......... 52
         As Imunidades Diplomáticas .............. 53

b) *Os Direitos do Indivíduo* .................. 54
      Os Direitos Humanos ..................... 54
      A Condição dos Estrangeiros .............. 60

2. *O Direito da Guerra* ....................... 62
      "Guerra Obrigatória" e "Guerra Opcional" . 63
      *Jus ad bellum* ............................ 67
      *Jus in bello* .............................. 68

Seção 5. *O Internacionalismo no Pensamento Judaico* 78

2. A CONTRIBUIÇÃO DO JUDAÍSMO AO DESENVOLVIMENTO DO DIREITO INTERNACIONAL 89

   Seção 1. *O Judaísmo Inspirador do Direito Internacional* ................................. 91
      1. *Os Ideais e Aspirações* .................. 92
      2. *As Regras e Instituições* ................ 94
         Grotius .................................. 94
         Selden ................................... 102

   Seção 2. *O Judaísmo, Fermento de Superação do Direito Internacional?* ..................... 104
      1. *O Judaísmo e o Estado Soberano* ........... 105
      2. *O Judaísmo e a Personalidade Internacional do Indivíduo* ............................. 115
      3. *O Judaísmo e o Direito Internacional do Futuro* 115

BIBLIOGRAFIA .................................. 119
NOTA BIBLIOGRÁFICA ........................... 123

# PREFÁCIO

Os estudiosos do Direito Internacional Público têm quase sempre, ainda que de modo resumido e superficial, assinalado a contribuição do judaísmo a esta disciplina. Antonio Truyol y Serra (*Fundamentos de Derecho Internacional Público,* Barcelona: F. Seix Editor, 1955) assinala que "Israel exerceu pequena influência sobre o Direito Internacional da época" (antiguidade oriental), mas que veio a "desempenhar um papel decisivo no seu desenvolvimento futuro", em virtude das "idéias contidas no Antigo Testamento...". Arthur Nussbaum (*Historia del Derecho Internacional,* trad. de Francisco Javier Osset, Madrid: s/d., Editorial Revista de Derecho Privado) escreve que "a contribuição mais importante do povo judeu para a história do Direito Internacional" é a idéia de paz na profecia de Isaías. Ora, podemos lembrar que a paz é o fundamento do Direito Internacional Público. Pretende-se estabelecer o "reino" do DIP para que ela possa vir a ser assegurada. Georg Stadtmuller (*Historia del Derecho Internacional Público,* trad. de Francisco F. Jardon Santa Eulalia, Madrid: Aguilar, 1961) observa que uma outra grande contribuição de Israel foi o fundamento ético do Direito "na crença religiosa no único Deus do céu, Javé, ..." e "o mandamento de auxiliar o débil". Um outro autor que menciona a contribuição do pensamento judaico é Norman Bentwich em *The Religious Foundations of Internationalism* (Londres: George Allen and Unwin, 1933).

A Academia de Direito Internacional vem há alguns anos realizando cursos sobre as contribuições das diversas religiões ao Direito Internacional Público, como o budismo, islamismo, catolicismo e protestantismo. É dentro desta linha que se encontra este trabalho. Prosper Weil começa o seu curso com uma observação profundamente correta ao afirmar que:

a evolução do Direito Internacional em direção à universalidade, bem como a importância crescente assumida pelo conceito dos princípios gerais do Direito, reconhecidos pelas nações civilizadas, exigem do especialista do Direito Internacional certo conhecimento, não apenas dos grandes sistemas jurídicos contemporâneos, mas igualmente das religiões, filosofias e civilizações cujo pensamento conseguiu impregnar e influenciar o desenvolvimento do Direito Internacional.

Na verdade, a universalidade do Direito Internacional Público talvez venha a ser atingida de modo pleno no momento em que os diferentes povos venham a conhecer e respeitar os usos e religiões dos Estados que compõem a sociedade internacional. A justiça social e o aspecto religioso estão entre os mais importantes fatores que podem conduzir à paz internacional.

Prosper Weil, eminente internacionalista francês, que tem se dedicado aos novos ramos do Direito Internacional Público, como o Direito Internacional dos Contratos e o

Direito Internacional Econômico, faz no presente estudo uma síntese do judaísmo e a sua contribuição ao Direito Internacional Público. É um trabalho sério e de muita profundidade apesar de sua extensão não ser grande. Os temas versados são da maior importância para o Direito Internacional Público e as fontes utilizadas mostram o pacifismo e a universalidade no pensamento judaico. É o mais completo, ordenado e abrangente trabalho, dentre os que conheço, sobre a contribuição do pensamento judaico ao Direito Internacional. Enumerar os capítulos mais interessantes seria mencionar a todos, e assim apenas vamos nos referir à originalidade da análise que é feita sobre a influência do citado pensamento na obra de Grotius, que é o autor do primeiro estudo sistemático de Direito Internacional.

A tradução e a publicação do trabalho de Prosper Weil é uma grande contribuição ao desenvolvimento do Direito Internacional entre nós, bem como para a melhor compreensão dos povos se levarmos em consideração o papel de Israel nas relações internacionais.

Celso A. Mello<br>
Rio - janeiro de 1985

# INTRODUÇÃO[1]

A evolução do Direito Internacional em direção à universalidade, bem como a importância crescente assumida pelo conceito dos princípios gerais do Direito, reconhecidos pelas nações civilizadas, exigem do especialista do Direito Internacional certo conhecimento, não apenas dos grandes sistemas jurídicos contemporâneos, mas igualmente das religiões, filosofias e civilizações cujo pensamento conseguiu impregnar e influenciar o desenvolvimento do Direito Internacional[2]. Na medida em que, além da diversidade destas contribuições, for esboçada a existência de certos princípios fundamentais comuns a todas as filosofias e a todos os sistemas, a verificação desse patrimônio comum da humanidade haverá de reforçar consideravelmente não apenas a universalidade geográfica do Direito Interna-

1. Salvo quando se trata de referência a trabalho ou artigo não citado na bibliografia, as referências comportarão somente, além da indicação das páginas a que faz menção, a do autor e (às vezes abreviadamente) a do título do estudo; as referências completas constarão da bibliografia.
Para as principais fontes citadas (*Bíblia, Talmud* etc.) e os modos de referência, ver pp. 120 e s.
2. Cf. JENKS, "Craftmanship in International Law", *American Journal of International Law*, 1956, n.º 32, p. 40-41.

cional, como também sua unidade e sua coerência internas. Todavia, não deveria suceder que, a pretexto de liberar a qualquer custo alguns denominadores comuns, se venha a negar, pura e simplesmente, o pluralismo das filosofias e a diversidade das civilizações: ao contrário, como toda realidade humana, o Direito Internacional se enriquece desse pluralismo e dessa diversidade e seria condená-lo a uma triste monotonia negar-lhe o recrudescimento inevitável — e benfazejo — desses componentes culturais e ideológicos.

Nessa perspectiva, a série de ensinamentos organizada pela Academia de Direito Internacional sobre as relações entre algumas grandes correntes de pensamento religioso e o desenvolvimento do Direito Internacional assume grande importância. O empreendimento é sem dúvida difícil, diria até perigoso. Com efeito, como todas as disciplinas jurídicas, o Direito Internacional moderno pretende ser visto isento de considerações metafísicas e religiosas; ele se considera imanente à sociedade humana, estando impregnado do clima de laicismo que o mundo contemporâneo herdou, especialmente do século XVIII francês e da Revolução de 1789. Isso não impede que as religiões constituam fontes culturais importantes do Direito Internacional. Considerando que o Direito Internacional moderno reflete as condições políticas, econômicas e sociais do mundo contemporâneo, ele forma igualmente a parte visível de uma civilização que mergulha suas raízes nas profundezas de seu substrato religioso.

Muito embora existam estudos às vezes aprofundados acerca da atitude da maioria das grandes correntes de pensamento religioso frente aos problemas internacionais, bem como sobre sua contribuição ao desenvolvimento do Direito Internacional, a literatura revela-se de extrema pobreza quando se trata do judaísmo. Um dos raros autores que se debruçou sobre o problema em seu conjunto, Rosenne\*, faz a seguinte observação:

...não existe uma tentativa global para se propor alguma teoria geral sobre a atitude do judaísmo e do Direito Judaico face ao Direito Internacional, ou sobre a influência do pensamento e o conceito do Direito Judaico em relação ao desenvolvimento do Direito Internacional, à semelhança dos estudos existentes sobre o assunto com referência a outros credos e povos [3].

Com efeito, não há nenhuma, ou quase nenhuma palavra sobre o judaísmo na maior parte dos trabalhos consagrados especialmente à história do Direito Internacional ou nos capítulos históricos dos grandes tratados clássicos de Direito Internacional. E se por acaso a questão é evocada, ela o é quase sempre em poucas linhas, que se limitam a fazer menção, ao lado das guerras bíblicas, à influência que os ideais dos profetas judeus exerceram sobre o Ocidente cristão através do cristianismo. Com exceção do estudo citado de Rosenne, o problema das relações entre

---

\* Nossos agradecimentos ao Prof. Rosenne, que nos forneceu, para a preparação deste estudo, preciosas indicações.

3. ROSENNE, *The Influence of Judaism on the Development of Internacional Law*, p. 121. Indicações preciosas, embora precáriass encontram-se também em MUSHKAT, *Theories and Realities in International Relations: Outlines of International Law*, Tel-Aviv, 2.ª ed., 1966, p. 85 e ss.

o judaísmo e o desenvolvimento do Direito Internacional permanece, dessa forma, quanto ao essencial, uma "terra incógnita".

Esse fenômeno se explica, sem dúvida, em parte pela ignorância que ao longo do tempo envolveu tudo que diz respeito aos judeus e ao judaísmo. Decorre igualmente, entretanto, de uma certa doutrina cristã segundo a qual o cristianismo constituiria a complementação do judaísmo. Daí, seguramente, a idéia, às vezes avançada, de que o judaísmo seria apenas um antecedente histórico ou um esboço incompleto do cristianismo: o estudo das fontes judaicas do Direito Internacional confundir-se-ia, portanto, com o de suas fontes cristãs, já que também no pensamento cristão o pensamento judaico teria encontrado sua plenitude e seu florescimento[4].

Quaisquer que sejam as razões, esse silêncio sobre as relações entre o pensamento judaico e o desenvolvimento do Direito Internacional deve ser rompido.

Em primeiro lugar, sem dúvida nenhuma, porque já é tempo de nos desembaraçarmos definitivamente da visão histórica e passadista de um judaísmo que teria esgotado seu potencial de influência sobre a civilização mo-

---

4. Essa visão provocou muitas inexatidões. Assim, num curso ministrado na Academia, há 50 anos atrás, a influência do cristianismo sobre o desenvolvimento do Direito Internacional é atribuída "à lei santo do amor, substituída por Cristo em detrimento das prescrições judaicas" (BOEGNER, "L'Influence de la Réforme sur le Développement du Droit International" in *Récueil des Cours*, vol. 6, 1925-I, p. 248). Ora, acontece que os dois mandamentos evangélicos citados pelo autor — "Amarás a Deus..."[x] e "Amarás a teu próximo..." foram enunciadas pela lei mosaica (Deut. 6.5 e 11 e Lev. 19.18).

derna — e conseqüentemente sobre o Direito Internacional — ao fecundar o pensamento cristão. A própria Igreja Católica reconhece com relação ao judaísmo, hoje em dia, o valor de um pensamento vivo e autônomo, que merece ser estudado enquanto tal e não somente como precursor do cristianismo.

Da mesma forma, é preciso nos liberarmos finalmente da correlação demasiadamente exclusiva que se estabelece comumente entre judaísmo e cristianismo, e por conseguinte entre judaísmo e pensamento ocidental e europeu. Que o modelo do Ocidente, que tende a invadir todo o planeta, seja em grande parte de inspiração judaico-cristã, tendo o cristianismo se constituído no elemento de difusão privilegiado de certos elementos do pensamento judaico na civilização moderna, ninguém pode contestar. Entretanto, isso não deve ser motivo para nos esquecermos de que o judaísmo não é, exclusiva ou mesmo essencialmente, da Europa ou do Ocidente. Os grandes movimentos do pensamento judaico não nasceram nem na Europa e nem no Ocidente, mas sim no Oriente, entre o Mediterrâneo e a Ásia Central. É nas civilizações da Ásia que esse pensamento mergulha certas raízes: no lugar que mais tarde se chamará Palestina nasceram, assim como os escritos bíblicos, uma parte importante da literatura pós-bíblica, notadamente a *Mishná* (século III d.C.) e o *Talmud* de Jerusalém (século IV d.C.), bem como mais tarde a grande codificação de Karo (século XVI) e diversos escritos cabalísticos. Foi no Egito dos Ptolomeus (século III d.C.) que o pensamento judaico se confrontou, pela primeira vez, com a civilização grega; na Babilônia, entre o Tigre e o Eufrates, foi elaborado inicialmente o *Talmud* dito babilônico (séculos II-IV d.C.), o qual, como se sabe, marcou profundamente, há uns quinze séculos, a consciência judaica. E se os centros espirituais do judaísmo se deslocaram, sobretudo a partir do fim da época dos "Gaonim" (aproximadamente século X d.C.) mais para o Oeste, nem por isso o pensamento judaico foi absorvido pelo Ocidente cristão, pois foi elaborado, ou no meio muçulmano — como na Espanha, até fins do século XV — ou em meio ao mundo cristão, muitas vezes hostil e com o qual ele mantinha poucas relações: Rachi de Troyes (1040-1105) não é, por assim dizer, mais "ocidental" que Maimônides de Córdoba (1135-1206). Sem dúvida, não é desconhecido que ao lado do pensamento judaico-cristão existe um pensamento judeu-árabe, no seio do qual as trocas recíprocas foram talvez ainda mais frutíferas: se o pensamento judaico-cristão sofreu influências apenas num sentido único — do judaísmo sobre o cristianismo — o pensamento judeu-árabe comportou uma influência proveniente do Islã sobre o judaísmo. Foi dessa forma que se desenvolveu, dos séculos VII ao XV, aproximadamente, sob os califas de Bagdá e depois sob a dominação muçulmana na Espanha uma verdadeira cultura judaico-islâmica, cuja idade de ouro judaico-árabe na Espanha constitui o ápice.

Que lugar ocupam, no pensamento judeu, os problemas internacionais? Que contribuição esse pensamento trouxe ao desenvolvimento do Direito Internacional? Eis as duas perguntas às quais gostaríamos de nos ater. Há pouca necessidade de ressaltar que, no atual estado das pesquisas, somente uma resposta embrionária poderá ser apresentada aqui, sendo necessários outros estudos a serem empreendidos simultaneamente por internacionalistas, historiadores e especialistas em judaísmo a fim de que se possa determinar com exatidão a posição do pensamento judaico face ao Direito Internacional, bem como avaliar devidamente os componentes judaicos do Direito Internacional. Basta nos reportarmos a Grotius para verificarmos o impacto que os pensadores judeus da época causaram nos fundadores do Direito Internacional moderno. Componente importante da civilização judaico-cristã, na qual o Direito Internacional foi concebido e se desenvolveu, verificamos que o judaísmo colocou-se na encruzilhada de múltiplas influências: primeiramente, a asiática, depois a helênica e a islâmica, e mais recentemente a cristã. No momento em que o Direito Internacional procura abandonar as raízes excessivamente européias e ocidentais para atingir uma formulação mais universal, a tomada de consciência dessas fontes judaicas, sob certos aspectos, não pode ser negligenciada.

Isto significa que o presente estudo é antes um ensaio, para não dizer um esboço, do que um relatório[5].

---

5. Limitar-nos-emos apenas ao Direito Internacional Público; os problemas do Direito Internacional Privado (conflitos entre a lei judaica e a lei não-judaica; determinação da qualidade de judeu etc.) serão deixados de lado. Assim sendo, não nos aprofundaremos sobre a natureza e o alcance do célebre princípio talmúdico: *Dina demalkhuta dina* ("A lei do país é a lei"), que impõe, dentro de certos limites, o primado da lei do domicílio sobre a lei judaica (ver a respeito, *inter alia*, HERZOG, *The Main Institutions of Jewish Law*, vol. I, p. 24 e ss.; LEW, *Jewish Law...*, p. 101).

# 1. O DIREITO INTERNACIONAL NO PENSAMENTO JUDAICO

## Seção 1. Os Dados do Problema

### 1. O Interesse do Judaísmo pelas Relações Internacionais

Não há razão para se admirar que o judaísmo, que aspira a regular a totalidade das relações humanas, não tenha permanecido indiferente aos problemas originados pelas relações internacionais. As preocupações universalistas, que abrangem o destino de toda a humanidade, teriam sido suficientes para impedi-lo. As dialéticas do bem e do mal, da recompensa e do castigo nunca foram, aliás, por ele limitadas ao plano individual, tendo sido aplicadas — como teremos ocasião de voltar ao assunto — ao comportamento das nações umas em relação às outras. Ao lado desses fatores ideológicos, sem dúvida as causas históricas desempenharam um papel decisivo na atenção dedicada pelo judaísmo às relações internacionais.

Na verdade, o povo judeu estabeleceu-se numa região do mundo predestinada, pela própria configuração geográfica, às relações entre as nações. O país de Canaã, onde os hebreus se instalaram no século XIII antes da Era Cristã, formava uma zona de junção entre o Egito, a Síria e a Mesopotâmia, e desde os tempos mais remotos os povos dessa região relacionavam-se, seja através de trocas comerciais ou alianças, seja nos campos de batalha. Isso significa que os dados geopolíticos conduziram os judeus, desde os primórdios de sua história, ao âmago das vias diplomáticas, comercial e militar intensas. Embora não existissem nessa época Estados no sentido moderno do termo, estabeleciam-se entre os povos vizinhos relações políticas que, sob certos aspectos, estão próximas das relações modernas.

Assim sendo, a narrativa bíblica abrangendo a história judaica até a saída da Pérsia dos judeus que ali haviam se exilado, depois da tomada de Jerusalém pelos assírios — isto é, até o V século da Era Cristã, aproximadamente te — é fértil em indicações preciosas sobre as relações internacionais do povo judeu dessa época. Tais relações tiveram seu apogeu, como é natural, depois que Davi, por volta do ano 1000 a.C., ascendeu à realeza, estabeleceu sua capital em Jerusalém e fundou a dinastia que traria seu nome. Durante mais de 500 anos, sob o reinado de Davi e de seu filho Salomão, primeiramente, a seguir com os dois reinados irmãos originados do cisma de 933, as relações exteriores dos judeus assumiriam uma intensidade particular. O reinado do norte desaparecerá muito rapidamente com a tomada de Samaria pelo rei da Babilônia em 721 a.C., mas o reinado do sul manter-se-á ainda um século e meio, sendo somente em 587 a.C. que os assírios irão liquidar Jerusalém.

As relações exteriores do povo judeu, no entanto, não se deterão aí. Pouco tempo depois, com efeito, o império assírio se desmorona sob os golpes persas e, a partir de

538 a.C. o rei dos persas, Ciro, autorizará os judeus a voltarem para Jerusalém a fim de lá reconstruírem o Templo de Salomão e reconstituírem uma entidade nacional. Um período de cerca de seis séculos inicia-se então, no qual os judeus terão que defender sua independência contra os invasores que se sucederão nesse pequeno pedaço de terra: com altos e baixos, serão entabuladas alternadamente relações ora pacíficas, ora hostis com o império persa, com Alexandre o Grande, que conquista o país em 332 a.C., e em seguida, depois da morte deste último, com os Ptolomeus do Egito (320-200 a.C.) e com os seleûcidas de Antioquia (200-142 a.C.). As relações com estes últimos deterioraram-se definitivamente quando, em 167 a.C., um decreto tenta proibir o culto judeu em Jerusalém e dedicar o Templo a Zeus Olímpico: Judas Macabeu ergue o estandarte da revolta e, em 142 a.C., funda o reinado dito hasmoneu (do nome de um antepassado de Judas). Entretanto, esse reinado terá que lutar contra o crescente poder de Roma: em 63 a.C. Pompeu toma Jerusalém, iniciando assim um longo período de relações diplomáticas e militares entre Roma e o reino judeu, mais ou menos reduzido ao nível de protetorado romano, relações sobre as quais a obra de Flávio Josefo nos traz preciosas informações[1], e que só irão desaparecer quando os últimos estertores da resistência judaica ao império romano tiveram que ser esmagados a fogo e sangue com a destruição de Jerusalém por Tito em 70 d.C. e a tomada de Massada em 135 d.C. Em seguida a estes acontecimentos, que marcaram profundamente a consciência judaica, o interesse dos pensado-

1. *Histoire ancienne des Juifs* (também chamada *Antiquités juridiques*); *La guerre des Juifs contre les Romains*.

res judeus fixou-se antes de tudo na salvaguarda da identidade cultural e religiosa judaica, e se a aspiração à reconstituição de uma entidade nacional judaica nunca desaparecerá, as preocupações referentes às relações entre as nações doravante estarão ligadas às condições peculiares em que os judeus terão que viver durante longos séculos[2].

É muito cedo para afirmar se a criação do Estado de Israel em 1948 causará, num prazo maior ou menor, a renovação do pensamento judaico em matéria de relações internacionais. Se se considerar um Estado judeu[3] — embora o judaísmo não tenha o estatuto de uma religião de Estado — o Estado de Israel está subordinado naturalmente ao Direito Internacional contemporâneo, não estando suas relações com outros Estados subordinadas a uma visão especificamente judaica do Direito Internacional — assim como não estão subordinadas a uma visão especificamente cristã as relações internacionais de países onde o catolicismo foi elevado à categoria de religião de Estado: ou a uma visão especificamente muçulmana os Estados que adotaram o islamismo como elemento de sua constituição. Isto quer dizer que as relações internacionais do Estado de Israel permanecerão, evidentemente, fora do campo deste estudo.

## 2. As Dificuldades do Estudo

A análise das posições assumidas pelo judaísmo a respeito das relações internacionais esbarra em obstáculos cuja importância deve ser analisada desde o início.

2. Assim o princípio talmúdico: "A lei do país é a lei"; cf. supra, p. 17, nota 5.
3. Ver KLEIN, *Le caractère juif de l'État d'Israel*, Paris, 1977.

## Imprecisão dos Conceitos de Judaísmo e Pensamento Judaico

O primeiro obstáculo reside, sem dúvida alguma, na dificuldade de delimitar as próprias noções de judaísmo e pensamento judaico. Freqüentemente, os autores se atêm unicamente à fonte bíblica, muito embora a *Bíblia* não seja comprovadamente senão um dos componentes do pensamento judaico: há séculos os judeus lêem e se impressionam com o texto bíblico através de uma tradição interpretativa veiculada pela literatura talmúdica e pelos grandes comentadores pós-talmúdicos. O que, evidentemente, não deixa de suscitar o problema do fator histórico na apreensão do pensamento judaico.

Com efeito, sob o ponto de vista histórico não há dúvida alguma que a atitude dos pensadores judeus face às relações internacionais não permaneceu imutável ao longo dos séculos. Determinadas evoluções produziram-se mesmo durante o período bíblico, tendo alguns acreditado detectar, dessa forma, um deslizamento sutil rumo a uma desqualificação crescente das relações de força e um reforço progressivo do pacifismo e do universalismo.

Uma vez abalada a independência nacional, a percepção das relações exteriores deveria, como é natural, modificar-se ainda mais. Não são as relações do povo judeu com os demais povos que irão preocupar tanto os pensadores judeus da época talmúdica, porém a atitude dos outros povos em relação aos judeus. Não é de surpreender que, na dialética do carrasco e da vítima, esta fique à espreita do menor movimento daquele; freqüentemente às voltas com opressores, os judeus oprimidos, tornados objetos e não sujeitos das relações entre os povos, não tinham condições de julgar "as nações do mundo" a não ser na medida de sua atitude para com eles.

Essa evolução no tempo, embora de difícil contestação, não deve portanto ocultar a unidade fundamental do pensamento judaico. Não mais do que sonha em opor a *Bíblia* à literatura pós-bíblica, o judaísmo não apreende a *Bíblia* com os olhos do historiador e não leva em conta as evoluções internas. Para o judaísmo, tudo foi dito a Moisés no Sinai, apesar que tudo pode evoluir levando em conta as circunstâncias; tanto assim que se produziu uma espécie de observação à distância entre os textos de épocas as mais afastadas. A respeito do pensamento judaico, Moisés e Maimônides são de certa forma contemporâneos. Apesar do sentimento da evolução e do progresso estarem sempre presentes, as distâncias temporais são abolidas. Essa observação pode parecer dificilmente compreensível aos espíritos pouco familiarizados com os conceitos de "lei escrita" e "lei oral"; entretanto, ela é necessária para se compreender o ponto de vista que será adotado neste trabalho. Embora estando plenamente conscientes dos fatores históricos, apreenderemos o pensamento judaico, portanto, como um pensamento vivo, seguro e evolutivo, mas ao mesmo tempo constituindo um bloco único, distanciado das transformações inevitavelmente sofridas ao longo dos séculos.

Se por evidentes razões de comodismo e de lugar acrescentarmos a esta consideração de fundo que, neste contexto, não poderemos atribuir maior importância à extrema diversidade das correntes de pensamento existentes no próprio seio do judaísmo, será facilmente compreensível que o recurso às noções aparentemente claras de judaísmo e pensamento judaico, se dele lançarmos mão, terá como decorrência a simplificação muitas vezes mutilante.

## Um Pensamento Parcialmente Pré-Estatal

A segunda dificuldade do estudo prende-se a um fator temporal, cuja importância não deve ser minimizada. O judaísmo nasceu e desenvolveu-se numa época em que a forma moderna de Estado era desconhecida. Ora, a formação do Direito Internacional moderno está ligada, ninguém o contestará, à emergência, há apenas alguns séculos, do fenômeno estatal. Como falar então, sem arriscar grosseiros anacronismos, da posição do judaísmo em relação ao Direito Internacional? Na verdade, desde a época pós-davídica o reino judeu mantinha relações exteriores com os reinos vizinhos, mas certamente ainda não eram relações de Estado para Estado, no sentido moderno do termo. Seria sobretudo mais temerário evocar uma prática internacional, *stricto sensu,* para o período anterior a Davi, quer através dos cinco séculos — XVI ao XI d.C. — que separam a saída dos hebreus do Egito até a instauração da realeza em Jerusalém, ou, com maior razão, para o período dos Patriarcas, no terceiro milênio. Somente com uma transposição um tanto arbitrária, por exemplo, pode-se traduzir em linguagem de Direito Internacional a partilha territorial entre Abraão e Ló[4], a aliança entre Abraão e os reizinhos da região[5], ou ainda as múltiplas guerras e alianças entre as tribos mencionadas no Livro dos Juízes[6].

4. Gên. 13,5-12.
5. Gên. 21,22-32.
6. Ver por exemplo Juí. 1,3; 4; 7,24-25; 8,1-17; 20,21.

Eram relações internacionais para o Estado nascente, talvez; porém Direito Internacional propriamente dito certamente que não. Mesmo as grandes obras do pensamento talmúdico e rabínico situam-se na era pré-estatal: a redação do *Talmud* da Babilônia foi terminada aproximadamente em 500 d.C.; as grandes academias a Babilônia fecharam suas portas no começo o século XI d.C. e Maimônides terminou sua grande Codificação em 1180 d.C. Isto significa que não se deve esperar encontrar nessas obras mais do que indicações referentes às relações internacionais. Daí ser conveniente usar-se certa prudência ao se recensear as posições do judaísmo a respeito do que hoje denominamos Direito Internacional, após vários séculos do fenômeno pré-estatal.

### Experiência Vivenciada ou Prática Normativa?

A interpretação da experiência vivenciada tal como relatada na *Bíblia,* não deixa de ser delicada, mesmo apesar de seu caráter pré-estatal. Reencontramos aqui o problema, bem conhecido dos internacionalistas, de saber se determinada prática de um Estado deve ser considerada como o início de uma fonte de Direito ou, ao contrário, como um ato *praeter legem,* às vezes até mesmo *contra legem.* A *Bíblia* não é uma epopéia nacional que descreve heróis antigos em cores cintilantes que, ao procurar mascarar a verdade, apresenta os antigos hebreus com uma imagem lisongeira. Ela relata certamente fatos exemplares, porém entendidos nos dois sentidos: quer como um modelo digno de ser imitado — portanto de valor quase normativo — quer como imagem um tanto negativa do que não deve, precisamente, ser feito. O plano da prática vivenciada e o da regra de Direito não devem, portanto, ser confundidos. O comportamento concreto dos judeus dos tempos bíblicos era muitas vezes mais próximo dos costumes bárbaros da época do que dos ideais pacifistas e humanistas, impregnados pelo respeito à pessoa humana, da lei de Moisés ou dos profetas. A narrativa bíblica muitas vezes transmite melhor o reflexo dos costumes da época do que a aplicação de uma regra de Direito, tal como o concebia o judaísmo. Isto é verdade no próprio plano das ações individuais: o assassínio de Abel por Caim é um bom exemplo daquilo que se poderia chamar de técnica do protótipo negativo[7]. Isso entretanto não é menos exato no plano dos comportamentos públicos, especialmente no das relações entre as nações: o Rei Davi\*, por exemplo, foi recusado por Deus como construtor do Templo porque "foste homem de guerra e derramaste sangue"[8]; os profetas insurgiram-se inúmeras vezes contra o belicismo e a crueldade de determinados contemporâneos seus, inclusive de alguns reis. A distinção entre a prática e a norma nem sempre é fácil: podemos citar, como prova, a controvérsia talmúdica sobre a questão de se saber se a célebre descrição feita por Samuel ao povo — que o pressionava para instituir um rei — sobre o comportamento que teria este

---

7. Podemos citar, entre outros exemplos, as represálias de Simão e Levi (Gên. 34 e 49,57), a questão de Davi e Betsabá (II Sam. 11), a decadência de Salomão ao envelhecer (I Reis 11, 1-1), a diatribe do profeta Elias contra o Rei Akhav (I Reis 21) etc.

\* Usamos, para os trechos bíblicos citados, a versão para o português de *A Bíblia de Jerusalém*, São Paulo: Edições Paulinas, 1981 (N. do T.).

8. I Crôn. 28,3; cf. I Crôn. 22,8.

último ("...lembra-lhes e explica-lhes o direito do rei que reinará sobre eles... Este é o direito do rei que reinará sobre vós: ele convocará os vossos filhos e os encarregará dos seus carros de guerra e dos seus cavalos... Tomará os vossos campos, as vossas vinhas, os vossos melhores olivais... Das vossas culturas e das vossas vinhas ele cobrará o dízimo... dos rebanhos..."[9]) corresponde à transformação, em direitos, dos poderes reais de requisição, expropriação, imposição etc., ou à descrição das ameaças que a instauração da realeza representaria para o povo judeu — isto é, a descrição de uma prática que, sem ser legítima, era indiscutível[10]. Apesar do próprio texto tender claramente a favor da segunda interpretação ("...naquele dia, reclamareis contra o rei que vós mesmos tendes escolhido..."), Maimônides preferirá ver nele o enunciado de poderes jurídicos ao invés da descrição de uma prática abusiva ou ilícita[11].

### Das Concessões ao Espírito da Época

Entretanto, é preciso ir mais longe. Determinadas prescrições incontestavelmente normativas da lei hebraica não são, por si mesmas, reflexo do que essa lei pretenderia almejar, constituindo antes uma concessão ao espírito da época. Não é de se duvidar — todos os grandes comentaristas judeus o notaram — que a lei mosaica aspirava a abolir completamente algumas instituições, como o culto

---

9. I Sam. 8, 9-17. Sobre esse ponto, ver p. 68 e ss. e 111 e ss.
10. Sinédrio 20b.
11. "Todo o poder mencionado no capítulo do rei pertence ao rei" (Melakhim IV,1); essa era a opinião de Rabi Judá na controvérsia talmúdica já citada.

dos sacrifícios, a escravatura ou mesmo a guerra. Levando-se em consideração o espírito e os costumes da época — mais de dois milênios antes da Era Cristã — medidas tão radicais deveriam ser, evidentemente, utópicas, não devendo ter merecido nem mesmo um começo de aplicação. Ora, a lei judaica tem o objetivo de ser realista ao mesmo tempo em que pratica a arte do possível e supõe reconhecer o mal: ela "não está no céu", diz ela de si mesma[12], e os rabinos encarecem: "A *Torá* falou considerando aquilo que é". Dessa forma, o Direito Judaico viu-se muitas vezes limitado, ao mesmo tempo em que conservava o embrião de uma instituição que não poderia ser totalmente suprimida, a regulamentar de maneira restritiva a lei, de maneira a retardar o seu processo de desaparecimento. Isso fica evidente, como veremos, no domínio que nos interessa, isto é, a guerra, no tratamento dos prisioneiros e, num plano mais geral, na própria instauração da monarquia, ou seja, do poder político, cujo texto bíblico determina que ela será concedida por Deus ao povo que desejava ser "como todas as nações".

## Um Pensamento Pouco Adaptado ao Sistema

Finalmente, é preciso considerar, ao se tentar determinar a posição do Direito Internacional no pensamento judaico, dois traços fundamentais desse pensamento, embora nem um nem outro favoreçam a pesquisa.

Não se deve esquecer, em primeiro lugar, que mesmo comportando regras jurídicas, o judaísmo não é um sistema jurídico, pois nele o Direito encontra-se absorvido por

---

12. Deut. 30,12.

uma concepção teocêntrica do mundo. As categorias do judaísmo são o bem e o mal, o moral e o imoral, muito mais que o legal ou o ilegal, o lícito ou o ilícito — a tal ponto que a própria conduta das nações é analisada de acordo com critérios não de sua liceidade em relação às normas jurídicas, mas sim de conformidade com os conceitos do bem e do mal.

Isso entretanto não é tudo. Mesmo quando emite regras de Direito, o judaísmo fá-lo sem definir conceitos nem edificar sistemas. Somente através de diversas regulamentações concretas poderemos destacar, *a posteriori,* princípios gerais que raramente são enunciados como tal. Dir-se-ia de bom grado que o pensamento hebraico é mais existencial do que essencial. Nem a *Bíblia,* nem a literatura rabínica comportam, por exemplo, termos correspondentes aos nossos conceitos de consciência, moral, natureza, Direito Natural, razão, soberania, direitos humanos. Tais conceitos certamente se encontram subjacentes às narrativas e prescrições, na forma de comportamentos relatados ou de condutas prescritas ou proibidas. Contudo, eles jamais são formulados por si mesmos. Será preciso esperar que o judaísmo entre em contato inicialmente com o pensamento helênico e a seguir com o pensamento árabe, para ver aparecer no vocabulário hebraico termos apropriados, tomados muitas vezes do árabe. A classificação das regras de Direito não se opera senão tardiamente. Somente na literatura talmúdica é que aparecem esboços tímidos de uma tipologia das normas jurídicas[13], cujos

13. Cf. HERZOG, *The Main Institutions of Jewish Law,* p. XX e ss.

elementos mais interessantes aos nossos propósitos são, de um lado o conceito de "leis dos filhos de Noé", regras comuns a toda a humanidade, em contraposição à lei de Moisés, aplicável somente aos judeus[14]; de outro lado a distinção entre as regras que o homem encontraria no seu próprio interior, caso elas não lhe tivessem sido prescritas por Deus, aquelas que têm como único fundamento a Revelação do Sinai[15]. Eis aí um esboço indiscutível do Direito Natural. Na literatura talmúdica ou, ao contrário, na *Bíblia,* não aparece nenhuma distinção entre os conceitos de Direito Público e Direito Privado, como a concebemos hoje em dia[16]. Muito menos o vocábulo — e mesmo o conceito — de Direito Internacional é encontrado na *Bíblia* ou no *Talmud.* Só mais tarde, quando do contato com as filosofias grega e árabe, será estabelecida a distinção etnre as regras "racionais" e as regras "reveladas" ou "dogmáticas", estudadas mais tarde por Grotius[17], quando será forjado por Maimônides o vocábulo "Ililkho: Melakhim" (Regras dos Reis), prefiguração longínqua do conceito de Direito Público. Isso quer dizer que o pensamento judaico é pouco inclinado, nessa matéria, à especulação e à abstração: se nele encontramos elementos esparsos, fragmentários e difusos de interesse para as relações interna-

14. Sobre esse conceito, ver p. 39 e ss.
15. Yoma 67b.
16. O *Talmud* comporta todavia um certo número de regras relativas ao *Tsibbur* (coletividade), que podem ser consideradas como elementos de um direito público.
17. Ver HUSIK, *The Law of Nature, Hugo Grotius and the Bible,* p. 391.

cionais, por outro lado é inútil procurar nele uma teoria ordenada ou um *corpus juris* de Direito Internacional[18].

Geralmente atribui-se a emergência do Direito Internacional moderno à tomada de consciência, por Vitoria, Suarez e outros fundadores de nossa disciplina, do triplo conceito de *societas gentium, jus gentium* e *jus inter gentes*. Uma comunidade de nações formada por homens governados através de uma lei comum e ligados uns aos outros

---

18. Esse fenômeno talvez se explique também pelo laxismo doutrinal que, conforme o notamos, caracteriza muitas vezes o pensamento judaico. Se existe para cada problema concreto de conduta uma *halakha* (decisão transformando-se em regra), obtida através de um procedimento determinado com exatidão, problemas teóricos da mais alta importância, tais como os referentes ao período messiânico ou à ressurreição dos mortos, darão margem a divergências profundas de pontos de vista. O caráter não dogmático do judaísmo tem sido freqüentemente salientado: o judaísmo, diz-se algumas vezes, é antes ortopraxia do que ortodoxia; a verdade sendo múltipla para ele, a noção de heresia não encontra nele acolhida. Veremos que o conceito de "leis dos filhos de Noé", por exemplo, não é aceito como crença, mas unicamente como norma de ação ou de abstenção. Na linguagem bíblica "observar os caminhos do Senhor" é "praticar a justiça e o direito" (Gên. 18, 19); "conhecer Deus" não é pesquisar os atributos divinos mas "assumir a causa do humilde e do pobre" (Jer. 22,16). Os cananeus são condenados menos por suas crenças do que por seus atos (Lev. 18,3 e 24-30; 20,22,23) e o Rei Akhav é amaldiçoado pelo profeta Elias menos por ter acreditado em ídolos do que por ter assassinado e se apoderado dos bens de um infeliz (I Reis 21,17; II Reis 9,25-26). O Deus de Israel se encarna na ética, e o judaísmo não comporta a teologia, no sentido estrito do termo (ver ROTH, "Jewish Thought in the Modern World", em BEVAN e SINGER (orgs.) *The Legacy of Israel*, p. 433). Esse pluralismo conceitual e doutrinal contribuiu, sem dúvida, para o grau relativamente fraco de desenvolvimento, atingido pelo pensamento judaico em matéria de direito internacional.

por regras de direito de convivência: tais são os fundamentos com que foi edificado o Direito Internacional. "Totus orbis, qui aliquo modo est una res publica; (jus gentium) quod vel est jus naturale ver derivatur ex jure naturali": essas fórmulas do dominicano Vitoria tornaram-se clássicas, assim como a do jesuíta Suarez, descrevendo a humanidade como *societas ac communicatio*[19]. Se o judaísmo não formulou esse triplo conceito no plano abstrato, em contraposição corporificou, de modo freqüentemente pormenorizado, seu conteúdo concreto: sem conhecer ou definir a noção de Direito Internacional, o pensamento judaico teve dele algo mais do que uma intuição ou pressentimento. Todavia, o pensamento judaico adicionou a esta visão dos fundamentos do Direito Internacional um toque complementar ainda mais importante: elaborou as idéias-força do que poderíamos chamar atualmente de internacionalismo moderno. Em outras palavras, o pensamento judaico elaborou os valores fundamentais que, para além das regras e das instituições, formam, de certa maneira, a ideologia das relações internacionais atuais.

## Seção 2. A Visão de uma "Societas Gentium"

Se há uma convicção profundamente arraigada na consciência judaica é, seguramente, a da unidade fundamental do gênero humano, apesar da diversidade de nações ou, se se preferir a formulação inversa, a de uma pluralidade de nações apesar da unidade fundamental do gênero humano. O conjunto da visão judaica da humanidade e da história gira em torno destes dois pólos aparentemente contraditórios e é a síntese das duas idéias-força que conferem ao pensamento judaico esse universalismo, que é um dos seus traços fundamentais.

## 1. A Unidade do Gênero Humano

Os comentadores judeus observaram inúmeras vezes que a *Bíblia* não começa pela história do povo judeu, mas pela da humanidade, cuja unidade fundamental se encontra, dessa forma, colocada em relevo desde o início. Para o grande talmudista Rabi Akiva (século II d.C.), o versículo do Gênesis: "Eis o livro da descendência (isto é, da genealogia) de Adão: No dia em que Deus criou Adão, ele o fez à semelhança de Deus"[20], constitui um princípio essencial da *Torá*[21]. "O homem foi criado só, menciona a *Mishná*, para ensinar que quem quer que atente contra a vida de um só homem comete um ato tão grave como se houvesse destruído todo o gênero humano, ao passo que aquele que mantém a vida de um só homem tem mérito tão grande como se tivesse salvo o gênero humano inteiro"[22]. É por uma outra razão ainda que o primeiro homem foi criado só, acrescenta o mesmo texto: "A fim de que nenhum homem possa dizer a outro: meu antepassado era maior do que o teu". A condenação do racismo é, como vemos, irrevogável[23].

No mesmo sentido dessa primeira idéia atua a do monoteísmo: o politeísmo divide, o monoteísmo une; desde

19. Cf. GUGGENHEIM, *Traité de droit international public*, 2.ª ed., Genebra, 1967, t. I, p. 13-14.
20. Gên. 5.
21. Berechit Rabba 24; Yeruchalmi, Nedarim IX,3.
22. Sinédrio IV,5.
23. Cf. "O primeiro homem, é do mundo inteiro que provém o pó de que foi feito" (Sinédrio 38b).

que não existe senão um só Deus, não pode haver divindades nacionais, cujo confronto seria inevitável, mas apenas uma Divindade, da qual dependem todos os homens sem exceção: "Por onde encontrares as pegadas do homem, estarei contigo". Assim, o judaísmo concebeu a humanidade, desde o começo, como uma espécie de família, da qual os homens e os povos, todos filhos do mesmo Deus, seriam irmãos uns dos outros. "Não temos todos um único pai? Não foi um único Deus que nos criou?", pergunta o profeta Malaquias[24]. "Iahweh ama os justos", diz um versículo dos Salmos[25], e o *Midrash* assim comenta: "Ele ama os justos de todas as nações"[26]. As citações nesse sentido poderiam ser multiplicadas: "O sol brilha por todo o mundo"; "Os justos das nações tomarão parte no mundo futuro"; "Por que sabemos que mesmo um pagão que observe a *Torá* é igual ao Sumo-sacerdote? Do que está escrito: "O homem que as colocar em prática viverá por elas..."[27] E por fim a seguinte: "Tomo por testemunha o céu e a terra que, judeu ou não-judeu, homem ou mulher, livre ou escravo, todo mundo é igual diante de mim e cada um será julgado segundo seus atos"[28].

Entretanto, embora proclame a unidade do gênero humano, o judaísmo não deixa de admitir a diversidade dos homens. Para explicar que o Adão primitivo foi criado só, a passagem atrás citada da *Mishná* fornece, com efeito, uma terceira explicação: é, diz ela,

24. Mal. 2,10.
25. Sal. 146,8.
26. Vayikra Rabba 8,2.
27. Cf. FLEG, *Anthologie juive*, p. 187-188.
28. Berechit Rabba 21 e 40; Tanna debé Rabbi Eliahu Rabba 10.

a fim de proclamar a grandeza do Santo, bendito seja; pois quando um homem cunha várias moedas com a mesma marca, elas são todas idênticas umas às outras; ao passo que o Rei dos Reis, o Santo, bendito seja, cunhou todos os homens com a mesma marca com que marcou o primeiro homem, e no entanto nenhum deles é idêntico ao seu próximo[29].

Daí o segundo componente da visão judaica de uma *societas gentium:* o pluralismo das nações.

## 2. O Pluralismo das Nações

Desde os primeiros capítulos do Gênesis, transparece a intuição de um mundo plurinacional, composto de povos tendo cada qual a sua especificidade, no interior de fronteiras territoriais intangíveis. Falando dos filhos de Noé, o único salvo do Dilúvio e que se tornou, na tradição judaica, o protótipo do homem liberado de toda dependência nacional, a *Bíblia* salienta: "A partir deles fez-se a dispersão nas ilhas das nações... segundo seus países e cada qual segundo sua língua, segundo seus clãs e segundo suas nações"[30]. E muito mais tarde o profeta Isaías censurará o rei da Assíria por ter este proclamado, em seu orgulho: "...pus de lado as fronteiras dos povos..."[31] Os profetas não falarão somente por Israel, mas por todas as nações[32], e encontramos em Isaías o espantoso texto que reproduzimos:

Naquele dia, Israel será o terceiro, ao lado do Egito e da Assíria, uma bênção no seio da terra, bênção que pronunciará

29. *Supra,* nota 22.
30. Gên. 10,5.
31. Esd. 10,13.
32. Jer. 1,5.

Iahweh dos Exércitos da terra: "Bendito meu povo, o Egito e a Assíria, obra das minhas mãos, e Israel, minha herança"[33].

A literatura rabínica fala correntemente das "setenta nações do mundo" que, apesar de filhas do mesmo Deus, possuem cada qual sua especificidade dentro de suas fronteiras; e ilustrará esse pluralismo pela idéia de que o sacrifício de setenta animais oferecidos cada ano ao Templo de Jerusalém, por ocasião da festa de *Sukot* (festa dita dos Tabernáculos) "tinha por objetivo a salvação de setenta nações da Terra"[34]. Da mesma forma, a visão judaica da época messiânica não comporta o desaparecimento das identidades nacionais, mas somente o fim do "Chibbud Malkyuyot", isto é, do "domínio dos reinados" — ou, se se preferir, o fim dos imperialismos.

Como vemos, o fenômeno nacional é concebido como um dado irredutível da natureza humana. "Fora da sinagoga não há salvação" é uma doutrina estranha ao espírito do judaísmo[35]. Sem dúvida, no fim dos tempos todos os

[33]. Is. 19, 24-25 a *Traduction oecuménique de la Bible* salienta o universalismo extraordinário dessa passagem, que data, não o esqueçamos, do século VIII antes da Era Cristã. Ver também Am. 9,7: "Para mim, não sois como filhos de Kuchitas, filhos de Israel?"

[34]. Ver BENAMOZEGH, *Israel et l'Humanité*, p. 365-366.

[35]. De acordo com Maimônides, "nosso mestre Moisés não transmitiu a *Torá* e as *Mitsvot* (mandamentos) senão a Israel... Todo o não-Judeu que deseja se submeter aos mesmos, pode fazê-lo, sendo então assimilado como Judeu, sob todos os pontos de vista. Mas é proibido obrigá-lo a aceitar *Torá* e as *Mitsvot* (Melakhim VIII, 10). Maimônides é de opinião que a coação pode ser utilizada para garantir o respeito das "leis dos filhos de Noé", mas essa opinião não é unanimemente aceita (ver FEDERBUSH, *Michpat hamelukha*, p. 206 e 232).

povos "conhecerão Deus", isto é, terão atingido aquele nível mínimo na ordem ética definida nas "leis dos filhos de Noé", de que se falará mais adiante; eles não permanecerão nem menos distintos, nem menos iguais uns dos outros, para que não se possa evocar a imagem de um "povo eleito" cercado de outros tantos "bárbaros". O *Talmud* diz expressamente: "Os estrangeiros de fora de Eretz Israel não devem ser vistos como idólatras, mas como povos que vivem segundo a tradição de seus antepassados"[36]. A mesma idéia será retomada pelo célebre pensador judeu do século XVI d.C., o Maharal de Praga, que escreverá: "Cada nação tem sua natureza e sua imagem próprias; cada nação deve ser dona de seu destino e ninguém tem o direito de dominá-la..."[37]

É preciso salientar que essa concepção de uma *societas gentium* composta de iguais não é desmentida pelo papel especial atribuído ao povo judeu pela visão judaica da história. A "eleição" é por responsabilidades e não por direitos: ela confere ao povo judeu o dever de transmitir e expressar uma ética exemplar. Se os judeus não viveram sempre concretamente à altura desta obrigação, isso em nada depõe contra a existência da mesma: "Pois eu o escolhi para que ele ordene a seus filhos e à sua casa depois dele que guardem o caminho de Iahweh, realizando a justiça e o direito..."[38] "Vós sereis para mim um reino de sacerdotes e uma nação santa"[39], o povo judeu é o "primogênito"

36. Khullin, 13b.
37. Citado por MUSHKAT, *International Problems*, 1975, fasc. 3-4, p. 65.
38. Gên. 18,19.
39. Êx. 19.

de Deus[40] e, a esse título, portador de uma responsabilidade moral especial diante da história[41]. Longe de lhe atribuir qualquer privilégio ou imunidade, a eleição submete-o a uma crítica particularmente rigorosa de sua conduta: a eleição o "coloca em responsabilidade"[42]. As sanções com que Moisés ameaça seu povo no caso de ruptura da aliança com Deus são de um rigor extremo, e os profetas não esconderam que Deus, de certa maneira, nada perdoaria a Israel: "Só a vós eu conheci de todas as famílias da terra, por isso eu vos castigarei por todas as vossas faltas"[43]. Longe de constituir negação da universalidade do pensamento judeu, a teoria da eleição fornece uma confirmação[44].

Assim, verifica-se que o pensamento judeu teve muito cedo de maneira certamente não formulada e implícita, mas dificilmente contestável, a intuição de uma *societas gentium* ao mesmo tempo pluralista e igualetária. Ela foi, todavia, mais longe e anteviu o conceito de um conjunto mínimo de regras comuns impostas pelo que nós denominaríamos hoje em dia de direito natural ou razão.

## Seção 3. A Visão de um "Jus Gentium"

A narração bíblica mostra que existiam certas normas morais ou jurídicas anteriores à revelação da *Torá* no Si-

40. Êx. 4,22.
41. Essa "eleição" não é baseada nas qualidades intrínsecas dos filhos de Israel, mas sobre o amor de Deus e sobre a aliança concluída por ele com os Patriarcas (Deut. 7,6-8).
42. A expressão é de NANTE, *Les Juifs et les Nations,* p. 73.
43. Am. 3,2.
44. Cf. KONVITZ, "Muitos são os chamados e muitos são os escolhidos" em *Judaism and Human Rights,* Konvitz (org.), p. 75.

nai, e conseqüentemente independentes dela "...porque Abraão me obedeceu, guardou meus preceitos, minhas regras e minhas leis"[45]. Por outro lado, o judaísmo nunca pretendeu deter o monopólio da Moral: dentre as regras da *Torá*, destacam-se não apenas determinadas normas que o "homem teria encontrado, mesmo se não lhe tivessem sido prescritas"[46], como também uma espécie de fundo comum de civilização, um mínimo moral abaixo do qual o homem não merece esse nome.

O conceito bem conhecido de "leis dos filhos de Noé" corresponde à conjunção dessas idéias, assim chamadas porque se aplicam a todos os "filhos de Noé", melhor dizendo, à humanidade inteira.

As leis dos filhos de Noé, a exemplo de nossos modernos princípios gerais de Direito, foram objeto, na literatura rabínica, de enumerações diversas[47]. A mais freqüentemente citada compreende uma prescrição positiva: a obrigação de instituir um sistema judiciário para regular os conflitos, bem como interdições concernentes à idolatria, ao sacrilégio, às uniões proibidas, ao homicídio, ao roubo e ao consumo de carne cortada de animal vivo[48]. Respeito à vida e à propriedade e organização política mínima: tal é, como se vê, o essencial das leis dos filhos de Noé. No entanto, essa definição — sujeita aliás a controvérsias — apresen-

---

45. Gên. 26,5. Foi assim enunciada a proibição do homicídio, antes de sê-lo no Decálogo, desde a época de Noé (Gên. 9,5-6) e as formalidades de uma venda imobiliária já se encontram formuladas a propósito da aquisição por Abraão do túmulo de Hebron (Gên. 23,3-20).

46. Ver *supra*, nota 15.

47. Ver *Encyclopaedia Judaica*, v. "Leis dos filhos de Noé".

48. Berechit Rabba 34.

ta menos interesse que o próprio conceito de uma lei universal, aplicável a todos os homens e a todas as nações. Não se deve supor que o judaísmo encare isso como uma espécie de moral irrelevante, que observa com certo desprezo, do alto de sua *Torá,* mais completa e acabada: "Um pagão que pratica as sete leis dos filhos de Noé é igual ao Sumo-sacerdote", não hesita em dizer o *Talmud*[49], e Maimônides acrescenta que: "toda pessoa que as observa faz parte dos justos das nações do mundo e tomará parte no mundo futuro"[50].

O fundamento dessa teoria é particularmente significativo: sem dúvida o *Talmud* diz que essas sete regras foram "prescritas aos filhos de Noé", mas quem não vê que elas se aproximam daquelas normas das quais se diz, noutra parte, que "se elas não tivessem sido reveladas, o homem as encontraria por si mesmo..."? Maimônides, aliás, não hesita em salientar que "a razão inclina-se a favor delas"[51]. Existe aí uma concepção que, se não é idêntica à do *jus natura et gentium,* pelo menos fica bastante próxima dele. Foi nessa fonte, aliás, que se abeberaram abundantemente, depois dos Padres da Igreja, os Grotius e os Selden[52], tendo-se visto nela até mesmo uma das origens das declarações dos direitos humanos americana e francesa —

49. Sinédrio 59b.
50. Melakhim VIII,11.
51. *Melakhim* IX,1.
52. A teoria das "leis dos filhos de Noé" será mencionada pelos Padres da Igreja e pelos fundadores do direito internacional moderno (cf. ISAACS, *The Influence of Judaism on Western Law,* p. 383-386). A relação entre essa teoria e a do direito natural foi todavia posta em dúvida por FOX, *Maimonides and Aquinas on Natural Law.*

e além delas, da Declaração Universal dos Direitos do Homem.

## Seção 4. A Visão de um "Jus Inter Gentes"

Se o pensamento judaico tivesse se limitado apenas a conceber a existência de uma comunidade de nações regida por uma lei comum, sua contribuição à história do Direito Internacional já não seria desprezível. Entretanto, ele foi além e elaborou certas instituições e regras típicas de convivência: sob vários pontos de vista, formulou elementos de um verdadeiro *jus inter gentes* que prefiguram, muitos séculos ou mesmo vários milênios antes do fim da Idade Média européia, instituições e regras do Direito Internacional moderno. Não é o conjunto das matérias deste último, sem dúvida, o que se está querendo indicar, mas apenas certos setores particulares. Contudo, os estudos sobre esse ponto permanecem demasiadamente embrionários para que se possa desde logo avaliar com precisão a extensão do setor visado. Assim, limitar-nos-emos aqui a alguns exemplos, sem pretensões de organizar a lista de todas as relações internacionais pelas quais o judaísmo se interessou, ou de fornecer, sobre as questões pendentes, nada além de indicações sucintas.

Geralmente, quando se evoca a atitude do judaísmo a respeito das relações internacionais, têm merecido ênfase particular os aspectos relativos ao Direito da Guerra. O fato é que a história atormentada dos primeiros séculos da vida nacional judaica fez-se, como a da maior parte dos povos da Antiguidade, de múltiplas lutas armadas. No entanto, esse aspecto não deve ser exagerado: de um lado, a época bíblica conheceu longos períodos de paz[53]; de outro, as tomadas de posição sobre o Direito de Paz, apesar de mais esparsas — portanto de acesso mais difícil — são no mínimo igualmente numerosas — e talvez mais significativas — que aquelas sobre o Direito da Guerra. Assim sendo, é por elas que vamos começar.

## 1. O Direito da Paz

De um lado, daremos alguns exemplos relativos ao que chamaríamos hoje em dia relações interestatais; de outro, aos direitos do indivíduo no quadro do Direito Internacional.

### a) As Relações Interestatais

O Direito dos Tratados

A prática de acordos assinados com uma entidade exterior remonta aos períodos mais afastados da história bíblica. Encontramos um exemplo de negociação desses acordos na narrativa, notável pela fineza de sua psicologia, das tratativas entabuladas por Abraão com o hitita proprietário do terreno em que Abraão desejava estabelecer o jazigo familial (trata-se do jazigo de Macpela, em Hebron)[54]. Os pactos de não-agressão não eram desconhecidos nessas épocas longínquas. A maior parte deles era concluída sob forma solene, destinada a emprestar-lhes uma sanção de ordem religiosa: o pacto concluído em Beer Sheva entre Abraão e Abimelec, Rei de Guerar, a propósito de um poço de água contestado, foi selado concomitantemente por um juramen-

---

53. Ver por exemplo Juí. 3,11; 3,30; 5,31; I Reis 5,4.
54. Gên. 23.

to e uma troca de carneiros[55]; o acordo de não-agressão concluído um pouco mais tarde com o mesmo Abimelec por Isaac foi selado por um juramento e um festim[56]. Os tratados de fronteiras eram às vezes sancionados não apenas por um juramento e um sacrifício, mas também pela construção de um *gal* (monte de pedras) ou de uma *matseva* (coluna monolítica), destinados, de certa maneira, a servir como limite de fronteira: assim foi feito no acordo selado entre Jacó e Labão[57]. Todavia, em alguns casos o acordo de partilha do território era concluído sem nenhuma solenidade especial, "de forma simplificada", por assim dizer: tal foi o acordo entre Abraão e Ló[58]. A paz através de alianças matrimoniais parece ter sido praticada já na época dos patriarcas, pois foi essa a fórmula proposta pelo rei de Samaria a Jacó para evitar uma luta sangrenta depois que a filha de Jacó fora desonrada[59].

É evidente, entretanto, que o interesse desses precedentes por se prenderem mais às relações intrafamiliais ou intertribais do que às relações internacionais, é limitado. Isso só ocorrerá com o desenvolvimento, mais tarde, de uma entidade política mais estruturada para servir de base à conclusão de verdadeiros tratados internacionais.

O primeiro episódio a ser destacado a esse respeito é o dos gabaonitas[60], que desempenhou um papel importante na elaboração do pensamento judaico com vistas aos

55. Gên. 22,21-32.
56. Gên. 26,26-32.
57. Gên. 31,45.54.
58. Gên. 13,5-12.
59. Gên. 34,8-9.
60. Jos. 9,3-27 e 10,1-10.

acordos internacionais, e que foi muito citado pelos fundadores cristãos do Direito Internacional moderno[61]. Os habitantes de Gabaon, que faziam parte daqueles amorreus que Josué havia sido incumbido de exterminar[62], vieram procurá-lo usando um estratagema (estavam cobertos de vestimentas usadas e traziam odres de vinho rasgados e pão seco para simular que viriam de um país distante) e disseram que queriam fazer aliança com ele. "Josué fez com eles a paz e selou com eles aliança, para que tivessem a vida salva, e os notáveis da comunidade prestaram-lhe juramento". Alguns dias mais tarde, entretanto, os hebreus perceberam que seus novos aliados na verdade faziam parte dos amorreus e habitavam o país de Canaã, tendo então desejado vingar essa falsidade: "toda a comunidade murmurou contra os chefes". Mas estes disseram: "Nós lhes juramos por Iahweh, Deus de Israel, e portanto não podemos tocar neles. Isto é o que lhes faremos: deixar-lhes a vida salva para que não venha sobre nós a Ira devido ao juramento que lhes prestamos". Os gabaonitas tiveram a vida salva e tornaram-se lenhadores e tiradores de água. Nesse meio-tempo, cinco reis da região, antigos aliados dos gabaonitas, irritados com a paz em separado concluída de tal modo por um dos seus com os hebreus, empreenderam um assalto a Gabaon, que pediu socorro a Josué: este respeitou a aliança concluída com eles e apressou-se a socorrê-los. E não foi tudo: muitos anos mais tarde, o Rei Saul julgou proceder corretamente quando castigou os gabaonitas apesar do

61. GENTILI, *De jure belli* II,5; GROTIUS, *De jure belli ac pacis* II, XII,4; PUFENDORF, *De jure naturae* V, II,7; SELDEN, *De jure naturali* VI,16.

62. Sobre esse ponto, ver p. 64 e ss.

pacto concluído outrotra com Josué; posteriormente, Davi tentou reparar essa violação do tratado de aliança: "Que devo fazer por vocês e como posso reparar?" Ao que os gabaonitas responderam pedindo que lhes fossem entregues os 7 filhos de Saul, tendo Davi concordado e os 7 filhos de Saul foram mortos pelos gabaonitas[63].

Por mais cruéis que possam parecer os costumes revelados por esta narrativa, ela é significativa do respeito atribuído ao *pacto sunt servanda*. Josué considerou-se vinculado ao tratado de aliança selado com os gabaonitas, embora concluído de maneira dolosa, e Davi vingou cruelmente a violação do tratado de que eram culpados Saul e os seus. No entanto, muito mais interessantes ainda são as observações do *Talmud* sobre este episódio. Nas relações entre particulares, um acordo de tal gênero seria nulo pela mácula do dolo; nas relações entre as nações, contudo, o respeito à palavra dada prepondera sobre qualquer outra consideração e prevalece mesmo na proibição ao homicídio; a observação escrupulosa do tratado impunha-se, acrescenta o *Talmud*, "por causa da santidade do Nome (de Deus)" — como salienta o comentário de Rachi, porque quando um juramento não é respeitado, o nome de Deus é profanado[64].

A narrativa bíblica fornece numerosos exemplos de tratados internacionais concluídos depois da instauração da monarquia no século XI d.C. O Rei Salomão parece ter seguido uma política sistemática de alianças com seus vizinhos, tendo-se revestido de particular importância a aliança com Tiro, no Líbano. Os fenícios, que dominavam Tiro e

63. II Sam. 21,1-9.
64. Guittin 46a.

Sidon, eram mais adiantados que os judeus em matéria de artesanato e indústria; em contraposição, faltavam-lhes produtos agrícolas que os judeus, população essencialmente rural, possuíam em abundância. As "armas da paz", como diríamos hoje em dia, eram assim encontradas de antemão, além do que tanto Tiro quanto Jerusalém tinham um adversário comum: os filisteus da planície costeira, que molestavam a monarquia de Jerusalém e arriscavam cortar as vias comerciais entre o Líbano e o Mar Vermelho. Davi já havia recorrido a Hiram, rei de Tiro, quando construiu sua residência: Hiram entregou-lhe madeira de cedro e enviou seus carpinteiros e pedreiros a ele[65]. Tais acordos foram consideravelmente desenvolvidos por Salomão: em troca de entregas anuais de trigo e de olivas, o rei de Tiro enviou a Salomão, para a construção do Templo de Jerusalém, quantidades substanciais de madeira que foram transportadas do alto do Líbano até o mar, e dali por jangadas até o porto de Jafa, de onde subiam para Jerusalém. Não satisfeito em fornecer materiais, Hiram enviou igualmente a Jerusalém seus operários especializados em trabalhos de madeira e de tecidos, ao passo que os operários judeus vinham aprender no Líbano[66]: excelente exemplo de cooperação técnica internacional antes que existisse o termo. Em seu flanco sul, Salomão garantiu a amizade da dinastia egípcia ao casar com a filha do Faraó, e o rei egípcio chegou até a conquistar determinadas cidades do sul do país em benefício de Salomão[67].

65. II Sam 5,11.
66. I Reis 5; II Crôn. 2.
67. I Reis 3,1 e 9,16.

Esses precedentes tirados da época bíblica[68] encontram seu prolongamento natural com o Estado hasmoneu (séculos II e I a.C.). Flávio Josefo forneceu, muito particularmente, interessantes detalhes sobre os diversos tratados de aliança concluídos pelos dirigentes do segundo Estado judeu com a Lacedemônia e com Roma[69]. O Livro dos Macabeus relata acontecimentos semelhantes[70].

Pode-se assim avaliar a que ponto a prática dos tratados internacionais estava arraigada nos costumes dos antigos hebreus. Uma vez reconhecida a pluralidade das nações — e como a noção de pacto encontra-se no cerne da concepção judaica de história — o procedimento contratual deveria constituir a técnica privilegiada das relações entre eles. Desde a aurora dos tempos, a sobrevivência da humanidade foi garantida pelo pacto de aliança selado entre Deus e Noé depois do Dilúvio[71]. Foi ainda sob a forma de pacto que foram concebidas as relações especiais entre Deus e o povo judeu: a promessa feita a Abraão de dar a seus descendentes o país de Canaã deu ocasião à conclusão de uma aliança entre Deus e ele[72]; foi como sinal de uma aliança entre Deus e a posteridade de Abraão que foi estabelecida a circuncisão[73]; e foi a essa aliança, veiculada por Isaac e Jacó,

---

68. Ver também a aliança entre a monarquia de Israel estabelecida na Samaria depois do cisma que se seguiu à morte de Salomão e a monarquia síria (I Reis 20,34), ou a aliança concluída com o Egito contra a Assíria (II Reis 17,14).

69. *Historie ancienne des Juifs*, passim por exemplo XII,5-6, 9, 13, 17. Ver também ROSENNE, *op. cit.*, p. 143-144.

70. I M. 8,17-29.

71. Gên. 9,8-17.

72. Gên. 15.

73. Gên. 17,1-14.

que Moisés se referiu numerosas vezes, como o farão igualmente os profetas e os rabinos do *Talmud*. É interessante observar que a tradição judaica, sob o império dessa aliança, concebeu as relações entre Deus e Israel como relações *inter pares:* Deus obriga-se a respeitar seus compromissos, assim como o faz Israel. Sem entrar mais profundamente no conceito de "Berit", admitir-se-á sem dificuldade, aos olhos do judaísmo, que o princípio *pacta sunt servanda* deveria constituir a pedra angular das relações entre as nações, bem como das relações entre os homens e Deus e das relações entre os próprios homens.

Nestas condições, não é de surpreender que, quando os pensadores cristãos, alimentados pelas leituras judaicas, lançarem os fundamentos do Direito Internacional moderno, o consensualismo ocupará o lugar que lhe é devido[74].

O Território

Não há dúvida alguma que o pensamento judaico deu atenção ao conceito de território. Em plano mais elevado evocou-se a concepção de um mundo dividido em territórios distintos como corolário da visão plurinacional. Seriam necessários estudos aprofundados para determinar em que medida as regras relativas ao território, e principalmente à sua aquisição e aos direitos que constituem sua base, são independentes em relação às regras da propriedade privada. Tais estudos são especialmente delicados se levarmos

74. Não parece que os costumes — que desempenham um papel importante no direito privado hebraico (HERZOG, *op. cit.*, vol. I, p. 20 e ss.), tenham sido considerados como fonte autônoma de direito internacional; pesquisas mais aprofundadas levariam talvez à modificação dessa conclusão.

em consideração que o direito de propriedade é um dos capítulos mais complexos do conjunto do Direito Hebraico. Pela dificuldade de avançar mais no detalhe, limitar-nos-emos, portanto, a algumas indicações sucintas que permitirão, apesar de seu caráter fagmentário, verificar que o pensamento judaico ao menos não permanece indiferente ao problema.

É interessante notar, por exemplo, que o *Talmud* pressentiu claramente a possibilidade de estender a soberania territorial a zonas marítimas contíguas ao território nacional. Isso é tanto mais digno de admiração ao se considerar que as preocupações dos judeus, na época bíblica, não se voltavam para os problemas marítimos, e que nem o Estado davídico ou o Estado hasmoneu foram potências marítimas. Aliás, o problema encontra-se abordado na literatura talmúdica menos sob o ângulo da soberania propriamente dita do que sob o da definição de espaço, ao qual se aplicam determinadas regras jurídico-religiosas (revogação de uma ação de divórcio, coleta antecipada de dízimos etc.), as quais não vigoram senão *baarets,* ou seja, "no País" (de Israel). É nessa perspectiva que se situa um texto encontrado várias vezes na literatura talmúdica e sobre o qual Rosenne recentemente chamou a atenção[75]. Ao ser interrogado sobre o que deve ser considerado como o "País de Israel" (com referência ao campo de aplicação territorial de uma lei religiosa), o *Talmud* define uma linha unindo dois pontos da costa e acrescenta: "Tudo o que fica no interior dessa linha é considerado como País de Israel, o que fica

---

75. ROSENNE, *op. cit.*, p. 145. Do mesmo autor: *The Concept of "Territorial Sea" in the Talmud.* Encontraremos nesses estudos referências talmúdicas precisas das passagens em questão.

no exterior como território estrangeiro". É salientado que tal ponto de vista não era unanimemente admitido, pois que, segundo um dos rabinos, "Tudo o que se encontra à frente do País de Israel deve ser considerado como parte deste último". Acha-se assim evocado, numa linguagem quase moderna, o problema do prolongamento da soberania terrestre além dos espaços marítimos. O conceito de mar territorial é pelo menos vislumbrado, a linha reta sendo concebida não como uma linha de base servindo para o cálculo do mar territorial, mas como uma verdadeira fronteira marítima. Os textos talmúdicos em questão merecem ser estudados com maior atenção, além disso, porque John Selden baseou-se neles em seu *Mare Clausum,* ao defender a idéia de uma soberania sobre o mar[76]. Bynkershock citou igualmente esse texto, o que não deixa de ser interessante se lembrarmos que se atribui a esse autor, algumas vezes, a doutrina moderna de uma faixa de mar territorial adjacente à costa[77].

Rosenne assinala, na mesma ordem de idéias, que a regra de Direito Internacional que permite que a soberania territorial atinja *usque ad caelum,* encontra-se igualmente esboçada na legislação talmúdica[78].

A teoria da ocupação efetiva encontra um longínquo eco nas narrativas do Gênesis, que registram, sob esse aspecto, as plantações de árvores, a construção de altares ou a perfuração de poços[79]. Ela se completa pelo princípio

76. SELDEN, *Mare Clausum,* I,6.
77. BYNKERSHOCK, citado por ROSENNE, *ibid.*
78. ROSENNE, *op. cit.,* p. 146, com as referências.
79. Gên. 12,7-8; 13,18; 21,33; 26,15.

talmúdico — na verdade concebido como aplicável ao direito de propriedade, mas cuja ampliação no sentido da aquisição de soberania talvez não seja impossível — segundo o qual "uma ocupação sem título não é uma ocupação"[80].

Finalmente, é preciso registrar uma norma — concebida especificamente para a aquisição de território — segundo a qual é preciso distinguir entre a "ocupação privada" (*Kibush Yakhid*) e a "ocupação pública" (*Kibush rabin*); a ocupação por uma pessoa ou um grupo não habilitados, mesmo localizada sobre uma parcela do território prometido a Abraão, não é aquisitiva de soberania; possui somente esse caráter a ocupação realizada pelas autoridades competentes ou em seu nome[81].

O Direito de Passagem Inocente

Como teremos ocasião de ver, os fundadores do Direito Internacional assentarão sua teoria do direito de passagem inocente nas negociações feitas por Moisés junto a determinados reis locais, tendo em vista a passagem dos hebreus a caminho da Terra Prometida.

Moisés enviou de Cades mensageiros: "Ao rei de Edom: Assim fala teu irmão Israel... Queremos, se isto te apraz, atravessar a tua terra. Não atravessaremos os campos, nem as vinhas; não beberemos água dos poços; seguiremos a estrada real, sem nos desviarmos para a direita ou para a esquerda, até que atravessemos o teu território"[82].

Ordena ao povo: vós estais passando pelas fronteiras dos

80. Bava Batra 41a.
81. Avoda Zara 21a; Guitin 8a; Cf. Melakhim V,6.
82. Núm. 20,14-21.

vossos irmãos, os filhos de Esaú, que habitam em Seir... Não os ataqueis, pois nada vos darei da terra deles... foi a Esaú que eu dei a montanha de Seir como propriedade. Comprareis deles o alimento para comer, a preço de dinheiro; e também comprareis deles, a preço de dinheiro, a água para beber[83].

...enviei mensagens a Seon, rei de Hesebon, com esta mensagem de paz: "Deixa-me passar por tua terra; seguirei sempre pelo caminho, sem me desviar para a direita ou para a esquerda. Quanto ao alimento, tu o venderás a mim por dinheiro e assim eu comerei; e também vender-me-ás por dinheiro a água para eu beber. Permite-me apenas atravessar a pé... até que eu atravesse o Jordão, em direção à terra que Iahweh, nosso Deus, nos dará"[84].

## As Imunidades Diplomáticas

O problema das imunidades diplomáticas, como destaca Rosenne[85], não parece ter atraído particularmente a atenção nem dos antigos hebreus, nem dos rabinos da época talmúdica. Talvez porque fosse admitido como indiscutível que os enviados diplomáticos eram invioláveis[86], e que todo atentado à sua segurança era considerado como um ato ilícito, até mesmo como um *casu belli*. Um episódio bíblico citado por Ayola, Belli, Pufendorf e Grotius[87], é caracterís-

83. Deut. 2,2-6.
84. Deut. 2,26-29.
85. *Op. cit.*, p. 141.
86. A mesma palavra em hebreu *Malakh* é empregada na *Bíblia* para designar enviados diplomáticos e mensageiros de Deus, isto é, o que chamaremos mais tarde, baseados na "Septuaginta", de "anjos" (cf. MEILLET, "Influence of the Hebrew Bible on European Languages", em *The Legacy of Israel*, p. 477-478).
87. Ver ROSENNE, *op. cit.*, p. 141, nota 5; *apud* GROTIUS *op. cit.*, II, XVIII, 4 e 5.

tico dessa maneira de ver: os maus tratos infligidos a alguns enviados de Davi — eles tinham sido obrigados a raspar metade da barba e a rasgar suas vestes ao meio, até o alto das coxas — provocou uma operação militar[88]. Muitos séculos mais tarde, menciona-se um violento discurso do Rei Herodes contra o assassinato de embaixadores judeus em missão[89].

### b) Os Direitos do Indivíduo

Sem dúvida, o pensamento judaico interessou-se mais pela situação do indivíduo do que pelas relações entre as coletividades nacionais entre si. Isto é claramente óbvio no que se refere ao nacional — no caso o judeu — face ao poder: as origens judaicas da teoria dos direitos humanos, se não exclusivas, revestem-se, em todo caso, de grande importância. Entretanto, isso aplica-se também em relação ao estrangeiro, cuja condição sob a tutela do Direito Judaico merece atenção especial.

### Os Direitos Humanos

Se a teoria dos direitos humanos, tal como a concebem os juristas contemporâneos, não foi formulada enquanto tal por um pensamento judaico mais preocupado por regulamentações concretas do que por elaborações abstratas — como vimos — o seu conteúdo essencial encontra-se esboçado — e talvez mais que isso — na *Bíblia* e na literatura rabínica. Poderíamos tomar a Declaração Universal dos Di-

---

88. II Sam. 10.
89. *Historie ancienne des Juifs*, XV,5.

reitos do Homem ou quaisquer documentos da mesma ordem, sejam de Direito Interno ou de Direito Internacional, para achar, sem dificuldade, uma legislação judaica mais ou menos elaborada sobre muitos pontos regulamentados. Todos os direitos não são exatamente abrangidos, mas alguns o são e de maneira bastante revolucionária para a época.

Não se trata aqui de entrar em detalhes sobre a questão, que nos levaria a pesquisar os mais diversos setores jurídicos, que se referem aliás mais ao Direito Interno do que às relações internacionais propriamente ditas. Alguns exemplos serão suficientes para ilustrar a riqueza potencial dessa matéria que, por si só, poderia constituir objeto de um estudo aprofundado[90].

O direito a um processo justo, que constitui uma das chaves do *Reichstaat,* bem como da *rule of law,* é objeto de atenção toda especial por parte da *Bíblia,* assim como da regulamentação rabínica. A concretização de uma organização judiciária adequada foi uma das primeiras preocupações de Moisés depois da saída do Egito[91], sendo inúmeras as exortações bíblicas referentes à independência dos magistrados, cuja função era aureolada de tal prestígio que a linguagem bíblica designa muitas vezes pela mesma palavra "Elohim", Deus e os juízes[92]. No entanto, foi principalmente na época talmúdica que as regras sobre composição, competência e funcionamento dos tribunais foram redi-

90. Ver, por exemplo, em KONVITZ (org.), *Judaism and Human Rights,* os estudos sobre a igualdade, a *rule of law,* a liberdade de consciência.

91. Êx. 18,12-27.

92. Sobre o prestígio atribuído à função judiciária na época talmúdica ver COHEN (*La Talmud* p. 264).

gidas, com um grande luxo de detalhes, regras dentre as quais algumas surpreendem por sua audácia[93].

O direito à integridade, à liberdade e à segurança da pessoa humana é afirmado de maneira peremptória pelo oitavo mandamento do Decálogo: "Não furtarás"[94]. A escravatura é admitida dentro de certos limites. Se levarmos em conta que só na época moderna (tendo sido necessária uma guerra nos Estados Unidos) a escravidão foi abolida, nada vemos aí de surpreendente. Convém notar ainda que essa instituição encontra-se regulamentada de maneira bastante admirável para a época: se a escravatura dos estrangeiros era admitida[95], a dos hebreus era submetida a uma regulamentação que tendia à sua supressão: o escravo devia ser libertado ao fim de sete anos e, em caso de recusa de sua parte, o mais tardar no ano do jubileu[96]. Diversas medidas protetoras eram tomadas a favor do escravo hebreu[97],

---

93. Por exemplo, para não falar senão dos tribunais punitivos, a proibição de pronunciar uma sentença condenatória no mesmo dia da audiência; a exigência de ao menos uma maioria de dois votos para uma condenação; a equivalência a uma absolvição de uma condenação pronunciada unanimemente, tal condenação presumindo uma opinião preconcebida hostil ao sentenciado, etc. Sobre os procedimentos cíveis e criminais na legislação talmúdica, ver COHEN, *op. cit.*, p. 362 e ss.

94. Êx. 20,15. Tal é com efeito o sentido do sétimo dos Dez Mandamentos (e não como se crê geralmente: "Não roubarás"). A *Tradução Ecumênica da Bíblia* afirma retomar assim, a justo título, a tradição exegética judaica que vê nesse mandamento a proibição de se apoderar das pessoas para escravizá-las e, portanto, acrescenta essa Tradução, a de "toda alienação da liberdade de outrem").

95. Lev. 25,44-46.

96. Êx. 21,2-6; Lev. 25,39-42 e 47-54; Deut. 15,12-19.

97. Êx. 21,7-11; 20,26-27.

sendo que o princípio estava expresso: "Tu não o dominarás com tirania"[98]. Medida particularmente notável: o direito ao repouso semanal era concedido a todo escravo, hebreu ou não[99]. O escravo gozava de certos direitos[100], e estava proibido de entregar a seu dono um escravo fugitivo, hebreu ou não[101]. Aliás, pode-se perguntar se a tradução corrente da palavra hebraica *Eved* por "escravo" não é um tanto inexata, e se o *Eved* (do radical *Avad* = trabalhar) não seria antes servidor, trabalhador assalariado, sem a conotação pejorativa que o vocábulo escravo comporta. Em resumo, as traduções da *Bíblia* recorrem tanto à palavra "servidor" como à "escravo" nas passagens em que encontramos a mesma palavra hebraica *Eved*. As relações que Abraão mantinha com seu *Eved* Eliezer não eram certamente as usuais na Antiguidade, de um patrão para com um escravo. Assim, traduziremos aqui *Eved* por "servidor"[102]. O povo judeu é correntemente qualificado de *Eved* de Deus: traduziremos também por "servidor" de Deus. Melhor ainda: pode acontecer que, na mesma frase, a palavra *Eved* seja traduzida diferentemente conforme a carga afetiva que o tradutor pretende emprestar-lhe[103].

A legislação talmúdica manterá certamente a distinção entre o escravo hebreu e o escravo pagão, não chegando ainda à assimilação completa do escravo pelo homem livre

98. Lev. 25,43.
99. Êx. 20,10.
100. Cf. Êx. 21,20 e 26-27.
101. Deut. 23,16-17.
102. Gên. 15,2 e 24,1-9.
103. Por exemplo, Lev. 25,42: "Os que eu fiz sair do Egito serão meus servidores; eles não devem ser vendidos como se vende escravos".

no plano jurídico: "O que um escravo adquiriu, é seu dono que o adquire"[104]. No entanto, com fundamento numa passagem do Livro de Jó que proclama a igualdade do *Eved* e dos outros homens ("quem me fez a mim no ventre não o fez também a ele? Quem nos formou a ambos não é um só"?)[105], os rabinos procuraram humanizar a sorte dos escravos, e isso numa época em que os romanos, entre outros, não lhes concediam destino digno de inveja[106].

O Direito do Trabalho igualmente mereceria estudo aprofundado. A defesa das condições de trabalho não era desconhecida da lei mosaica, quer se tratasse de um trabalhador hebreu, quer estrangeiro: "Não oprimirás um assalariado pobre ou necessitado, quer seja um dos teus irmãos ou um estrangeiro que mora na tua terra, em tua cidade"[107]. Assim, era estritamente proibido atrasar o pagamento do assalariado[108], e a regulamentação dos salários era aplicável tanto aos empregados quanto aos demais, impedindo as conseqüências muitas vezes dramática dos empréstimos concedidos a devedores sem recursos[109]. A legislação talmúdica não teve senão que continuar no mesmo sentido nesse terreno, ao proibir, por exemplo, o trabalho à noite e ao fixar minuciosamente as respectivas obrigações do empregador e do assalariado[110].

Para terminar esses exemplos, entre outros, uma palavra ainda deve ser dita sobre o direito à educação. O estu-

104. Pessakhim, 88b.
105. Jó 31,13-15.
106. Cf. COHEN, *op. cit.*, p. 253 e ss.
107. Deut. 24,14.
108. Lev. 19,13 e Deut. 24,15.
109. Cf. Êx. 22,14-26; Deut. 24,6 e 10,13.
110. Cf. COHEN, *op. cit.*, p. 251 e ss.

do e o ensino da *Torá* sempre constituíram uma das pedras angulares do pensamento judaico: páginas inteiras poderiam ser cobertas de citações bíblicas e talmúdicas a respeito: "Tu as repetirás a teus filhos e tu di-las-á quando ficares em casa e quando te puseres a caminho, quando estiveres deitado e quando estiveres de pé"; "Sem discípulos, não haverá sábios"; "O mundo não subsiste a não ser pelo sopro dos estudantes" etc.[111].

Talvez seja possível adicionar a estes exemplos, que chamaríamos hoje em dia de direitos humanos, uma instituição que está fadada a um grande futuro no Direito das Gentes: o direito de asilo. O espírito dessa instituição aparece na interdição bíblica já citada: "Quando um escravo fugir do seu amo e se refugiar em tua casa não o entregues ao seu amo; ele permanecerá contigo, entre os teus, no lugar que escolher numa das tuas cidades, onde lhe pareça melhor. Não o maltrates!"[112] Aparece igualmente, sob outra forma, na instituição das cidades de refúgio, onde o assassino involuntário poderá encontrar asilo[113]. A aplicação deste princípio nas relações internacionais é atestada pelo exemplo do asilo concedido por Davi a um fugitivo egípcio que havia fugido de seu dono amalecita[114]. Por sua vez, Jeremias relata o episódio do seqüestro, seguido de execução por ordem do Rei Joaquim, de um adversário deste último que havia encontrado asilo no Egito[115].

111. Cf. COHEN, *op. cit.*, p. 192 e ss. e 226 e ss.; FLEG, *op. cit.* p. 178 e ss.
112. Deut. 23,16-17.
113. Êx. 21,23; Núm. 35,9-34; Deut. 4,41-43; 19,1-13.
114. I Sam. 30,13-15.
115. Jer. 26,20-23.

## A Condição dos Estrangeiros

Sabemos que na maior parte dos povos da Antiguidade o estrangeiro era considerado como inimigo e não tinha direito algum[116]. A posição da *Bíblia* a esse respeito é radicalmente oposta: os direitos do estrangeiro são afirmados mais de quarenta vezes apenas no Pentateuco, o que evidentemente prova a importância atribuída ao problema pela lei mosaica, como também prova a dificuldade de transpor para os fatos prescrições tão contrárias aos costumes da época.

O estrangeiro é, em primeiro lugar, submetido à mesma legislação que o nacional: "Haverá uma única lei para o cidadão e para o imigrante que imigrou para o vosso reino"[117]. "A sentença será entre vós a mesma quer se trate de um natural ou de estrangeiro; pois sou Iahweh o vosso Deus"[118]. O estrangeiro goza do direito ao repouso semanal[119] e se encontra assimilado ao nacional para o culto dos sacrifícios[120].

Dessa forma, é formalmente proibido não somente oprimir os estrangeiros, como até ofendê-los, principalmente ao lhes lembrar a sua condição: "Não afligirás o estran-

---

116. Ver por exemplo NUSSBAUM, *A Concise History of the Law of Nations*, 2.ª ed., 1954, p. 1; SCHNITZER, *Wörterbuch des Völkerrechts, de Strupp*, v. "Fremdenrecht", t. 1, p. 566 (em direito primitivo "des Aussenstehende is rechtlos, ist feind").

117. Êx. 12,49. Por motivos dificilmente explicáveis a *Tradução Ecumênica da Bíblia* toma o hebreu *guer* por "emigrado"; retomaremos de ora em diante a tradução usual dessa palavra por "estrangeiro".

118. Lev. 24,22.

119. Êx. 20,10; Deut. 5,14.

120. Núm. 15,14-16.

geiro nem o oprimirás, pois vós mesmos fostes estrangeiros no país do Egito"[121]. Os juízes são advertidos formalmente contra todo preconceito desfavorável aos estrangeiros[122] e é proclamado: "Maldito seja aquele que perverte o direito do estrangeiro, do órfão e da viúva"[123] — essas três vítimas clássicas da civilização antiga.

Todavia, a igualdade de tratamento não pareceu suficiente. Os judeus foram surpreendidos pela ordem de amar os estrangeiros. O motivo é simples: os judeus sabem por experiência própria como é amarga a condição de estrangeiro: "Tu o amarás como a ti mesmo, pois fostes estrangeiro na terra do Egito"; "Deus ama o estrangeiro" e o "protege"[124]. Assim, o *Talmud* não hesita em escrever que "fazer mal a um estrangeiro é como fazer mal ao próprio Deus"[125].

Sem dúvida, certas funções eram reservadas aos judeus, tal como a realeza[126]; daí o princípio destacado por Maimônides, de que as funções públicas não podem, regra geral, ser ocupadas senão pelos judeus[127]. Esse ponto de vista — que numerosas legislações atuais consagram — não exclui, no entanto, os não-judeus ligados ao judaísmo: os dois principais redatores do *Talmud*, de origem não-judaica um e outro, tinham assento no Grande Sinédrio[128].

121. Lev. 23,9; cf. Êx. 22,21; Lev. 19,33 34; Jer. 7,6; Zac. 7,10.
122. Deut. 24,17.
123. Deut. 27,19.
124. Lev. 19,34; Deut. 10,18-19.
125. Khaguiga 5a.
126. Deut. 17,15.
127. Helakhim I,4.
128. Yoma 28a.

A legislação talmúdica interpretará, é verdade, restritivamente o princípio de igualdade de tratamento dos nacionais e dos estrangeiros, mencionado na *Bíblia:* o nome de *Guer* que a *Bíblia* emprega para designar o "estrangeiro que reside algum tempo entre vós" — (do verbo *gur* = residir), será exclusivo do estrangeiro convertido, isto é, do prosélito. Essa evolução, que se explica sem dúvida pelo desaparecimento da independência política e pela passagem dos judeus a um estado de minoria constantemente ameaçada, levará, no Direito Talmúdico, a amenizar consideravelmente o princípio de igualdade consagrado com tanto vigor na lei mosaica.

## 2. O Direito da Guerra

Foi com relação ao Direito da Guerra que a legislação judaica elaborou regras mais precisas no domínio das relações *inter gentes,* como já observamos, tendo sido esse aspecto citado freqüentemente pelos autores. A maioria dessas regras encontra-se enunciada no Pentateuco, o que não surpreende, já que a permanência dos hebreus no deserto do Sinai deveria preceder de alguns séculos uma história nacional perturbada por guerras freqüentes. O período dos profetas, que coincide com os últimos reis da Judéia e da Samaria e o exílio da Babilônia — ao qual voltaremos — caracteriza-se por uma apreciação cada vez mais crítica da guerra.

A literatura pós-bíblica limitar-se-á a formalizar, num dado momento em que a vida nacional já se encontrava seriamente abalada, as prescrições bíblicas.

Quer se trate do *jus ad bellum,* quer do *jus in bello,*

a legislação judaica é marcada por uma dupla característica. A primeira é que a guerra foi considerada pelo judaísmo como um mal absoluto, tendo-se tentado, uma vez que sua erradicação total esbarrava em impossibilidades de fato, limitá-la, regulamentá-la, discipliná-la — em resumo: submetê-la ao Direito. O segundo ponto, corolário do precedente, reside exatamente nessa aspiração de humanizar um fenômeno intrinsecamente desumano — aspiração louvável ao se levar em conta a época em que foi expressa. Aproximadamente no fim da longa noite da Idade Média, a influência dessa legislação sobre os pensadores cristãos não será desprezível.

### "Guerra Obrigatória" e "Guerra Opcional"

Fundamentando-se em certos textos bíblicos, a legislação rabínica elaborou uma distinção entre duas categorias de guerras: as que são consideradas como realização de uma *Mitsva,* isto é, de um dever religioso, e aquelas que são puramente facultativas.

Entre o que o *Talmud* chama de *Milkhemet Mitsva* e a *Milkhemet Rechut,* o critério dessa distinção é bastante simples. Constituem guerras obrigatórias as que são objeto de prescrição expressa de Deus a Moisés, todas as outras guerras sendo qualificadas de opcionais. É o que Grotius explicará da seguinte maneira: "Apud Hebracos bellum omne, quod non speciali Dei jussu suscipitur, vocatur bellum potestatum"[129]. Maimônides deu a essa distinção — que lembra, sem coincidir com ela, a do *bellum justum* e do *bellum injustum* — uma formulação que é freqüentemente citada:

129. *Op. cit.,* I, III,4.

O que se deve entender por *Milkhemet Mitsva* (guerra obrigatória)? É a guerra contra os sete povos e contra Amalec e o auxílio de Israel contra um inimigo que o ataque... A *Milkhemet Rechut* (guerra opcional) é a guerra contra outros povos a fim de expandir o território de Israel e de aumentar seu prestígio e reputação[130].

Com efeito, a lei mosaica reservava destino especial "aos sete povos" instalados no país de Canaã no momento da entrada de Josué, isto é, aproximadamente no XIII século antes da Era Cristã. Toda aliança com eles era proibida, sendo-lhes cominada pena de interdição, seus locais de culto devendo ser destruídos e eles mesmos condenados a serem exterminados[131]. Essa prescrição, apesar de fundamentada expressamente na perversão moral desses povos e na preocupação de não ver o vencedor sucumbir à tentação de adotar os costumes corrompidos do vencido, estava de acordo com os hábitos da época, sendo todavia inesperada no contexto geral do pensamento judaico. Não é de surpreender, dessa forma, que ela tenha sido objeto de interpretação das mais restritas.

Em primeiro lugar, não parece que ela tenha sido observada literalmente, pois a *Bíblia* nos conta da sobrevivência de grande número desses povos depois da conquista de Josué[132], tendo mesmo acontecido que os hebreus foram censurados por sua clemência excessiva[133].

Contudo, mais significativa é a atitude da tradição judaica em relação a essa regra. O *Midrash* relata como Moisés, indignado pela prescrição divina, recusou-se a apli-

130. Melakhim V,1.
131. Êx. 23,32; 34,11-16; Deut. 7,1-5.
132. Jos. 15,63; 16,10; 17,12; Juí. 1,27-33; II Sam. 11,3.
133. Cf. I Sam. 15,7 e ss.

cá-la: "Como castigarei o inocente ao mesmo tempo que o culpado?" Assim, ele fez ofertas de paz a Seon, rei de Hesebon (que fazia parte dos povos afligidos pela interdição): "... e enviei mensageiros a Seon com esta mensagem de paz..."[134] Diante dessa atitude, prossegue o *Midrash,* Deus reconsiderou e colocou como princípio geral que, doravante, toda operação militar deveria ser precedida de uma proposta de paz[135]. E o *Midrash* tirou daí a seguinte conclusão:

> Está escrito: "Suas vias (da *Torá*) são vias deliciosas e todos os seus caminhos são de paz": tudo o que está escrito na *Torá* foi escrito tendo em vista a paz, e apesar de serem descritas na *Torá* algumas guerras, elas o foram tendo em vista a paz. Aconteceu mesmo que Deus anulou uma de suas próprias decisões devido à paz... Assim (na história narrada) Deus disse: Eu havia ordenado que tu os destinasses à interdição e tu não o fizeste. Pois bem! o que disseste eu vou consagrá-lo como está escrito: "Quando te aproximares de uma cidade para atacá-la, far-lhe-ás propostas de paz: pois foi dito: 'Suas vias são vias deliciosas e todos os seu caminhos são de paz" [136].

Esse texto, admirável por sua audácia, completa-se por outro, que indica que Josué, que deveria ter aplicado a regra de interdição no momento da conquista, também não o fez: apesar do Livro de Josué mencionar muitas cenas de extermínio e de destruição, o *Talmud* de Jerusalém deduz de um versículo desse livro que Josué havia dado a cada um dos sete povos, em contradição com a prescrição mosaica, a escolha entre a paz, a fuga e a guerra; essa proposta, no entanto, havia sido repelida por todos com exceção

---

134. Deut. 2,26.
135. Deut. 20,10 Cf. p. 66.
136. Midrach Tankhuma, seção Tsav.

dos gabaonitas, que permaneceram no local, e dos guirgachitas, que partiram "para um país tão belo quanto o deles, a África"[137].

Não obstante, o fato mais importante consiste em que, no plano jurídico, as prescrições referentes aos "sete povos" não possuíam mais força de lei após a conquista de Josué. Segundo a célebre fórmula de Maimônides, "sua lembrança perdeu-se"[138]: as prescrições mosaicas que lhes diziam respeito caducaram por falta de propósito.

Observação do mesmo gênero pode ser feita sobre o segundo tipo de guerra: a "guerra obrigatória", a saber, a guerra contra Amalec. O cerne do problema encontra-se numa passagem do Deuteronômio, prescrevendo que não se esquecesse o que Amalec havia feito aos filhos de Israel quando da saída do Egito, ocasião em que, sem nenhum temor a Deus, ele se lançou sobre aqueles que, extenuados e exaustos, arrastavam-se na retaguarda da coluna: "... deverás apagar a memória de Amalec. Não te esqueças"[139]. A tradição judaica fez de Amalec o protótipo e a personificação do mal na conduta das relações entre as nações: Amalec de certa forma simboliza a negação da moral na política. A prescrição bíblica é também interpretada pelo *Talmud* como significando que a luta contra o mal jamais deve ser perdida de vista. Maimônides confirmou esse ponto de vista segundo o qual a guerra obrigatória contra Amalec desenrola-se no coração e na memória[140].

137. Yeruchalmi, Chevit VI.
138. Melakhim, V,4.
139. Deut. 25,17-19.
140. Melakhim V,5.

Verifica-se, dessa forma, que o conceito de guerra obrigatória praticamente perdeu campo de aplicação, pois não cobre mais aquilo que Maimônides chama de "auxílio de Israel contra um inimigo que o ataca", isto é, a guerra puramente defensiva. Quanto à guerra preventiva, a questão de se saber se a mesma deve ser incluída, sob o ponto de vista jurídico, entre as guerras obrigatórias ou as guerras opcionais, a questão foi discutida no *Talmud,* tendo a decisão finalmente se inclinado a favor da segunda solução[141].

Resta saber então qual o interesse dessa *summa divisio.* Para isso convém examinar o assunto sucessivamente sob a ótica do *jus ad bellum* e do *jus in bello.*

## "Jus ad Bellum"

Aqui aparece uma das maiores diferenças entre as duas categorias de guerra: enquanto a guerra obrigatória em tese não requer nenhuma formalidade preliminar (com a ressalva do que será dito mais tarde acerca da proposta de paz prévia), o princípio é que "não se desencadeia uma guerra opcional senão pela decisão do Grande Sinédrio de 71 membros"[142]. A maioria das guerras se encontra, assim, subordinada a um procedimento que põe em campo a mais alta autoridade judiciária e religiosa, tanto que a competência para a guerra deixa de ser entregue discricionariamente às autoridades políticas ou militares. O significado e a importância de tal regulamentação não precisam ser enfatizados.

141. Sota 44.
142. Sinédrio I,1; Melakhim V,2.

Ao contrário, num segundo plano, guerras opcionais e guerras obrigatórias vêem-se submetidas a prescrições idênticas. Do versículo do Deuteronômio, já citado: "Quando estiveres para combater uma cidade, primeiro propõe-lhe a paz"[143], o Direito Talmúdico na verdade extraiu a obrigação de fazer propostas de paz antes do desencadeamento de uma operação militar de qualquer natureza. Eis aí, sem dúvida, o esboço de um procedimento de declaração de guerra. Após indicar que esse procedimento serve indiferentemente para as duas categorias de guerra, Maimônides menciona que as condições de paz podem comportar a prestação de trabalhos forçados, o pagamento de um tributo e o compromisso de se submeter às "sete leis dos filhos de Noé" (a legitimidade dessa última exigência tem sido, todavia, contestada por alguns autores)[144]. Uma vez realizado o acordo nessas bases, "é proibido violar a aliança concluída e enganá-los" (os inimigos)[145].

**"Jus in Bello"**

As prescrições bíblicas, particularmente abundantes e precisas nessa matéria, acham-se enunciadas, quanto ao essencial, nos capítulos 20 e 21 do Deuteronômio. Outra fonte interessante é fornecida pela passagem do Livro de Samuel, quando descreve o comportamento do rei: conforme visto anteriormente, os rabinos dividiram-se sobre a questão de saber se os poderes mencionados nesse "capítulo do rei" derivam, ou da descrição de uma prática ou da prescrição de normas, a palavra hebraica *Mishpat* prestan-

143. Deut. 20 10.
144. Ver FEDERBUSCH, *op. cit.*, p. 206 e 222.
145. Melakhim VI,1.

do-se às duas interpretações. Maimônides, como sabemos, inclinou-se a favor da segunda interpretação. O conjunto dessas regras, que o *Talmud* desenvolveu até os mínimos detalhes, revela a vontade de humanizar a conduta da guerra e impedir os horrores dos quais ela era — ainda mais nessa época — o pretexto ou a ocasião. De uma maneira geral, como iremos constatar, a legislação judaica tende a evitar que o fenômeno da guerra provoque um eclipse temporário nesse primado do Direito e da Moral, uma das pedras angulares da concepção judaica das relações humanas. A distinção entre a guerra obrigatória e a guerra opcional vai reaparecer aqui diversas vezes[146].

1. O direito real de mobilizar os cidadãos é afirmado por Maimônides, que o apóia especialmente quanto ao "capítulo do rei": "ele tomará vossos filhos para destiná-los a seus carros e à sua cavalaria e eles correrão diante de seu carro"[147]. A idade de mobilização está fixada pela própria *Bíblia* em 20 anos, num versículo que parece limitar a mobilização aos homens[148].

146. Diversas interpretações foram propostas pelos autores modernos da legislação bíblica para o direito da guerra. Citaremos, a título de exemplo, a de SCHWALLY, *Semitische Kriegsaltertümer,* "1. *Der heilige Krieg im alten Israel"* (Leipzig, 1901), que vê aí a manifestação de conceitos de ordem ritual e mítica. Faremos abstração aqui dessas interpretações; quaisquer que possam ser as origens históricas das regras bíblicas ou as semelhantes com a de outros povos "primitivos", importa somente para nosso objetivo a maneira segundo a qual essas regras foram apreendidas e vividas pela consciência judaica; focalizaremos aqui apenas esse aspecto "íntimo".
147. Melakhim IV,2.
148. Núm. 1,3. A questão de saber se essa limitação da obrigação militar para os homens aplica-se igualmente às guerras obri-

Essa questão não mereceria menção particular se não desse oportunidade a uma regulamentação das mais originais. O texto do Deuteronômio merece ser citado por extenso:

> Os escribas também falarão ao povo, dizendo: "Quem construiu uma casa nova e ainda não a consagrou? Que se retire e volte para casa para que não morra na batalha e que um outro a consagre. Quem plantou uma vinha e ainda não colheu os seus primeiros frutos? Que se retire e volte para casa, para que não morra na batalha e um outro colha os primeiros frutos. Quem desposou uma mulher e ainda não a tomou? Que se retire e volte para casa, para que não morra na batalha e um outro a tome". E os escribas continuarão a falar ao povo: "Quem está com medo e se sente covarde? Que se retire e volte para casa, para que sua covardia não contagie seus irmãos"[149].

Entre essas dispensas, a mais interessante é a que beneficia "quem está com medo e se sente covarde" (literalmente "o manso de coração"). De acordo com Rabi Akiva, o texto deve ser interpretado conforme seu sentido natural: trata-se daquele que não pode suportar a guerra e que tem medo. Contudo, de acordo com Rabi Yosé da Galiléia, trata-se "daquele que teme os pecados em sua mão"[150], melhor dizendo, dos atos que poderia ser levado a cometer durante a guerra[151]. Eis aí, antes da lei, um quase reconhe-

---

gatórias foi discutida: para Maimônides, por exemplo, "nas guerras de *Mitsva* todos saem, inclusive o noivo de seu quarto e a noiva do dossel nupcial"; para outros, ao contrário as mulheres não podem ser obrigadas, mesmo no caso de uma guerra obrigatória, senão a um serviço civil na retaguarda (ver FEDERBUSCH, *op. cit.*, p. 194).

149. Deut. 20,5-8.
150. Sota VIII,5.
151. Maimônides inclina-se em favor da interpretação literal: Melakhim VII, 15.

cimento do direito à objeção de consciência. Dois elementos vêm completar o quadro: de um lado, a regra segundo a qual todas as dispensas estão subordinadas à produção de provas apropriadas, com exceção daquela que interessa "quem está com medo e se sente covarde"[152]; de outro, a observação do *Midrash* que a única dispensa verdadeira é esta última, as outras não tendo sido instituídas senão para que se pudesse dizer daquele que volta para casa que, sem dúvida, ele construiu uma nova casa ou se casou há pouco tempo, isto é, "em razão da dignidade das criaturas"[153].

Os isentos são obrigados a um serviço civil na retaguarda: "devem fornecer água e víveres a seus irmãos no exército e devem manter as estradas". Essa obrigação é atribuída imediatamente ao isento devido à sua falta de coragem, depois de um ano aos demais[154].

O conjunto dessas isenções não se aplica senão em caso de guerra opcional, já que, conforme assinalamos: "nas guerras de *Mitsva*, todos saem, inclusive o noivo de seu quarto e a noiva de seu leito nupcial".

Tais prescrições parecem ter tido uma certa aplicação. No Livro dos Juízes, Gideão proclama: "Quem estiver tremendo de medo, volte e observe do monte Gelboé"[155]. Muitos séculos mais tarde, Judas Macabeu fará o mesmo:

---

152. Yeruchalmi, Sota VIII,9.
153. Sobre o todo da questão, ver FEDERBUSH, *op cit.*, p. 196 e 198. (O conceito de *Kevod haberiyot* — "dignidade das criaturas" — ou seja, a preocupação de não envolver o próximo em uma situação embaraçosa, constitui a base de numerosas regras talmúdicas).
154. Melakhim VII,9-11.
155. Juí. 7 3.

"E disse aos que estavam construindo casa, aos que haviam desposado mulher, aos que tinham plantado uma vinha ou que estavam com medo, que voltassem cada um para sua casa, conforme o permitia a Lei"[156].

2. O direito de requisição é igualmente previsto no "capítulo do rei", conforme a interpretação normativa que prevaleceu. Compreende tanto a requisição pessoal, quanto a requisição de bens ("...ele convocará os vossos filhos... os fará lavrar a terra dele e ceifar a sua seara, fabricar as suas armas de guerra e as peças de seus carros... Tomará os vossos campos, as vossas vinhas e os vossos melhores olivais... Os melhores dentre os vossos servos e as vossas servas... Ele convocará os vossos filhos e os encarregará de seus carros de guerra e dos seus cavalos..."). A tradição talmúdica confirma esse poder, acompanhando-o da obrigação de indenização pecuniária. Maimônides assim escreve:

> O rei tem o poder de impor impostos ao povo para prover suas necessidades ou as da guerra... Ele pode convocar especialistas de diversas profissões e obrigá-los a fazer seus trabalhos, remunerando-os. Pode apoderar-se dos animais, tomar os servidores e as servas para suas necessidades, remunerando-os ou pagando o valor correspondente aos animais... Ele pode apoderar-se dos campos, dos olivais e das vinhas para seus servidores, quando estes partem para a guerra; e estes poderão dispor desses bens se não tiverem outra possibilidade para se alimentar, com a condição de pagarem o valor correspondente...[157]

Dessa forma, se as prerrogativas do que hoje chamaríamos Estado têm suas salvaguardas, seu exercício é cer-

156. I M. 3,56.
157. Melakhim IV, 1,3, 5.

cado de defesas destinadas a impedir os abusos de poder que os períodos de guerra tão facilmente favorecem. Existe, aliás, um princípio geral, válido tanto em tempos de guerra, quanto de paz: "O rei não pode confiscar bens (sem indenização) e todo confisco é considerado roubo"[158].

3. A preocupação de submeter o fenômeno da condução da guerra propriamente dito a uma regulamentação restritiva aparece a cada instante. Bastam alguns exemplos a esse respeito.

a) O Deuteronômio proíbe abater árvores frutíferas durante os cercos:

> Quando tiveres que sitiar uma cidade durante muito tempo antes de atacá-la e tomá-la, não deves abater suas árvores a golpes de machado; alimentar-te-ás delas, sem cortá-las: uma árvore dos campos é por acaso um homem, para que a trates como um sitiado? Contudo, se sabes que tal árvore não é frutífera, podes então cortá-la e talhá-la para fazer instrumentos de assédio contra a cidade que está guerreando contigo, até que a tenhas conquistado[159].

Essa interdição foi interpretada pela tradição rabínica de maneira extensiva como proibindo, mesmo em tempos de paz, toda destruição inútil e todo desperdício: a literatura talmúdica elaborou, a esse respeito, o conceito geral de *Bal tashkit* ("tu não destruirás"), que ela comentou com grande luxo de detalhes. Entretanto, essa preocupação ecológica, muito audaciosa para a época, assume sentido pleno em tempos de guerra. Seu significado é duplo: de um lado, não atingir inutilmente o meio ambiente; de outro, evitar ao adversário sofrimentos excessivos. Flávio Josefo

158. Melakhim III,8.
159. Deut. 20,19-20.

enfatiza a importância dessa interdição cuja finalidade, diz ele, é não privar o inimigo sediado de suas fontes de abastecimento[160]. O *Midrash* interpreta as palavras da *Bíblia:* "Quando tiveres que sitiar uma cidade durante muito tempo antes de atacá-la e tomá-la", da seguinte maneira: "Está escrito: 'antes de atacá-la e tomá-la' mas não para esfomeá-la, torná-la sedenta ou para fazê-la morrer de doenças"[161]. São assim proibidos, além da prática de arrasar a terra, o bloqueio econômico e a guerra epidemiológica.

b) Na mesma ordem de idéias, podemos destacar a surpreendente regra talmúdica — certamente pouco realista — segundo a qual o cerco a uma cidade não deve jamais tornar impossível a fuga dos sediados que desejam salvar a vida; deve permanecer sempre uma saída aberta para esse fim[162].

c) Foi muito discutida a questão de se saber em que medida o estado de guerra provoca a suspensão de inúmeras regras jurídicas, religiosas ou morais editadas pelo judaísmo. No conjunto, as prescrições puramente jurídicas ou religiosas podem sofrer distorsões, mas não as prescrições de ordem moral.

No que se refere às primeiras, a legislação talmúdica autoriza, por exemplo, a retirada de lenha seca das propriedades privadas, o sepultamento local dos soldados mortos, o consumo de alimentos proibidos, as refeições não precedidas da ablução das mãos etc.[163]. O levantamento dessas interdições, que aliás não ocorre senão em caso de neces-

160. Contra Apião II,29.
161. Sifré, seção Choftim.
162. Melakhim VI,7.
163. Melakhim VII,13 e VIII,1.

sidade, aplica-se tanto às guerras obrigatórias, quanto às guerras opcionais, tendo sido objeto de elaboração bastante específica, que distingue a campanha militar propriamente dita, o acampamento ou o trajeto de idade e volta. A questão da liceidade da guerra no dia de sábado* foi especialmente debatida. A *Bíblia* não fornece qualquer indicação a respeito: menciona apenas que o cerco de Jericó por Josué durou sete dias[164], o que parece significar pelo menos que esse cerco não foi suspenso no dia de sábado[165]. O Livro dos Macabeus relata que, após um massacre efetuado devido à ausência de reação pelo resguardo do sábado, foi decidido que daí em diante os judeus poderiam defender-se nesse dia[166]. Flávio Josefo comenta que Pompeu, para permitir aos judeus respeitarem o sábado, suspendeu as operações de cerco durante 24 horas[167]. A *halakha* (regra) é clara: considerando que a preservação da vida humana deve ter precedência sobre a observação do repouso aos sábados, a guerra, seja opcional ou obrigatória, é permitida tanto no 7.º dia, quanto nos demais dias da semana[168].

Em contrapartida, as regras de caráter moral não são afetadas pelo estado de guerra. O *Talmud* apóia-se, nessa matéria, na prescrição do Deuteronômio:

Quando tiveres saído para acampar contra os teus inimigos, procura guardar-te de todo mal... Deverás prover um lugar fora do acampamento para as tuas necessidades. Junto com teu equi-

164. Jos. 6,3-4.
165. Yeruchalmi, Chabbat 1 8.
166. I M. 2,32-41.
167. "La guerre des Juifs" 1,4.
168. Melakhim VI, 11.

* Refere-se ao *Schabat* bíblico.

pamento tenhas também uma pá. Quando saíres para fazer as tuas necessidades, cava com ela, ao terminar cobre as fezes. Pois Iahweh teu Deus anda pelo acampamento para te proteger... para que Iahweh não veja em ti algo de inconveniente... [169]

Esta passagem é entendida pelo *Talmud* no sentido de prescrever não apenas a manutenção de uma higiene rigorosa durante as campanhas militares[170], mas também no sentido de proibir "tudo que é mau" e que arrisque atingir a "santidade do campo": licenciosidade de costumes, brutalidades, perversão da linguagem (o que se chama em hebraico de "desbocamento")[171], etc. Talvez seja o caso de ligar essa idéia à exortação de Maimônides à coragem: "aquele que tem medo e cujo coração vacilou" não precisa partir; aqueles que partiram não devem ser contaminados pelo medo e nem praticar o derrotismo, incitando os demais ao medo[172].

d) O tratamento dos prisioneiros atraiu particularmente a atenção do Direito Judaico. Numa época em que os prisioneiros de guerra não contavam com nenhum direito, sendo ou exterminados pura e simplesmente, ou levados na condição de escravos, a legislação judaica parece ter sido infinitamente mais humanitária.

A *Bíblia* conta, por exemplo, que o rei de Israel perguntou ao profeta Eliseu qual destino deveria ser dado aos prisioneiros aramaicos extraviados no campo judeu: "Devo matá-los, meu pai?" E o profeta respondeu: "Não! Tiras a vida àqueles que tua espada e teu arco fizeram prisio-

169. Deut. 23,10-15.
170. Cf. Melakhim VI, 14.
171. Cf. FEDERBUSCH, *op. cit.*, p. 214-215.
172. Melakhim VII,14.

neiros? Dá-lhes pão e água para que comam e bebam e depois voltem para seu senhor"[173]. Os reis judeus pareciam gozar de certa reputação de mansidão na maneira de tratar os prisioneiros: aconselhando o rei de Aram a se render, seus servidores disseram-lhe: "Olha! Ouvimos dizer que os reis de Israel são clementes... Talvez ele te poupe a vida". Aram, tendo se rendido ao Rei Acab — que não era um modelo de mansidão, como sabemos — este poupou-lhe efetivamente a vida[174].

Como se pode facilmente depreender, o tratamento dado às mulheres tomadas em cativeiro, constituía um setor especialmente sensível. Já o destacava Flávio Josefo: "Ele (Deus) nos advertiu a respeito do tratamento a ser dispensado aos prisioneiros, prescrevendo-nos não lhes fazer mal algum, e a respeito das mulheres muito mais que em relação aos outros"[175]. A esse respeito, o Deuteronômio determina as seguintes regras:

Quando saíres para guerrear contra os teus inimigos... e tiveres feito prisioneiros, caso veja entre eles uma mulher formosa e te enamorares dela, tu a poderá tomar como mulher e trazê-la para tua casa. Ela então raspará a cabeça, cortará as unhas, despirá a veste de prisioneira e permanecerá em tua casa. Durante um mês ela chorará por seu pai e sua mãe. Depois disso irás a ela, desposá-la-ás e ela será tua mulher. Mais tarde, caso não gostes mais dela, tu a deixarás em liberdade mas de modo algum a venderás por dinheiro; não tirarás lucro às suas custas, após ter abusado dela[176].

173. II Reis 6,21-22.
174. I Reis 21,21-22.
175. Contra Apião I,29.
176. Deut. 21,10-14. Uma tradução mais exata seria: "Tu não a tratarás mais como uma escrava, depois de a teres violentado".

Eis um exemplo característico de uma instituição estabelecida a título de mal necessário: não podendo esperar que os combatentes deixassem de tocar nas mulheres cativas, a lei mosaica procurou regulamentar e disciplinar uma matéria que dificilmente se presta a isso: a *Torá* falou levando em consideração o "instinto mau", explica o *Talmud:* as relações sexuais com prisioneiras não são terminantemente proibidas, mas revestem-se de tais prescrições e proibições, estando submetidas a procedimento tão demorado para que os instintos mais obstinados — espera-se — acabem por se enfraquecer[177].

### Seção 5. O Internacionalismo do Pensamento Judaico

Uma pesquisa em relação ao que poderia ser apresentado pelo judaísmo acerca das relações internacionais estaria incompleta caso nos detivéssemos apenas na descrição, por assim dizer minuciosa, das regras e instituições sem nos estendermos às idéias-força que constituem simultaneamente seu embasamento e estrutura ideológica. Da mesma forma que acontecerá com o Direito Internacional muitos séculos após, o pensamento judaico aspirou, desde suas origens, a uma comunidade de nações iguais, mantendo entre elas relações pacíficas, ordenadas pela submissão ao Direito e cujas tensões acalmar-se-iam graças a regras emanadas pacificamente. Essa visão de um mundo caminhando de forma crescente para a paz e a justiça constitui, sem

---

[177]. Ver FEDERBUSCH, *op cit.*, p. 217-218. Para os detalhes da regulamentação da matéria, ver Melakhim VIII 2-9.

dúvida, um dos traços admiráveis do judaísmo em matéria de relações internacionais. Sem entrar em detalhes, já que isso requer o aprofundamento do pensamento hebraico em seus conceitos mais íntimos, limitar-nos-emos a algumas rápidas considerações.

Já evocamos o universalismo do pensamento judaico. Enquanto outros povos antigos consideravam que o Direito e a Justiça detinham-se no limite das fronteiras de sua etnia, além delas existindo apenas "bárbaros", o judaísmo raciocinou no plano universal: seu monoteísmo proibia o egocentrismo, seu igualitarismo impedia a concentração em si mesmo. É esse universalismo do pensamento judaico que explica ter ele, numa época tão remota, concebido a idéia de uma *societas gentium* igualmente pluralista e unitária.

Por outro lado, é preciso ressaltar o espaço central que a noção de progresso ocupava no pensamento judaico. Contrariamente ao pensamento grego, o pensamento judaico, inteiramente centrado no tempo e na história, coloca a perfeição no fim e não no começo: "Não perguntes: Por que os tempos passados eram melhores do que agora? Não é pergunta motivada pela sabedoria"[178]. Com efeito, para o judaísmo a criação não foi terminada ao cabo dos seis primeiros dias: ao homem incumbe a tarefa de levá-la adiante. A obra de Deus necessita, dizem os rabinos, de um *tikkun*, de um aperfeiçoamento, ao homem incumbindo alcançá-lo. Portanto, nada é mais estranho ao pensamento judaico que a idéia de uma evolução cíclica ou uma perfeição inicial que qualquer pecado original teria comprometido. O homem é concebido como parceiro de Deus

178. Qo, 7,10.

numa criação contínua, eis por que o diálogo entre Deus e o homem desenvolve-se entre sujeitos autônomos, podendo ser concluída entre eles uma aliança *inter pares*. Isso explica — e aqui encontramos novamente o conceito de universalismo — por que qualquer homem, judeu ou não, que participe dessa obra é parceiro de Deus: a salvação não está ligada a uma crença, mas a uma ética — contribuindo para liberar o homem, atingirei minha salvação.

Na concepção judaica, a história tem um sentido: ela progride, evidentemente com recuos, contragolpes, porém avança inexoravelmente em direção a uma época em que a paz e a justiça triunfarão. Como foi escrito: "não há nenhum exagero em reconhecer em Israel o fundador da Filosofia da História"[179]. A direção rumo à qual essa história se dirige é, conforme sabemos, o que se denomina de período messiânico. Quanto ao conteúdo concreto dessa época, mais de espera do que de realização, Maimônides adverte-nos: não se imagine que ela nos trará um mundo sobrenatural — "O mundo continuará como sempre". Profecias do tipo "o lobo morará com o cordeiro" não são senão imagens evocando o desaparecimento das tensões, o fim da violência e da dominação do homem pelo homem, da nação fraca pela nação forte. "Entre o mundo atual e a época messiânica", escreve ele, retomando uma fórmula do *Talmud*, "não há outra diferença senão o fim da dominação dos impérios"[180]. Encontramos aqui a dialética do nacionalismo e do universalismo: os tempos messiânicos compreenderão a reconstituição do povo judeu em seu país

179. RUYSSEN, *Les sources doctrinales de L'internationalisme*, p. 25.
180. Melakhim XII, 1-2.

sob o império da *Torá,* mas subentendem ao mesmo tempo o triunfo da moral tanto dos judeus como das nações. "O sábios e os profetas não ansiaram pelos dias messiânicos", concluiu Maimônides, "para que os judeus dominassem o mundo, nem para que arrasassem as outras crenças, nem para comer, beber e gozar, mas para que haja tempo bastante para estudar a *Torá* e a sabedoria e para que não haja opressor e importuno... Nessa época não haverá mais fome nem guerra nem inveja nem rivalidade; os bens serão abundantes... e a única preocupação do mundo inteiro será de conhecer Deus, como está escrito: 'pois a terra será repleta do conhecimento do Senhor, como o mar repleto pelas águas' "[181].

Como verificamos, o conceito de paz ocupa, entre os componentes do messianismo judaico, um lugar privilegiado. Não devemos nos esquecer que, se a paz tornou-se hoje em dia o valor supremo, em tempos passados isso esteve longe de ser assim: para muitos povos, as guerras constituíram o ponto culminante de sua vida nacional, seu motivo de orgulho — como ensinamos às crianças, os grandes momentos de sua história. As grandes epopéias antigas, para ficar apenas nelas, são narrações que exaltam os valores ditos guerreiros: a coragem, a intrepidez, o desprezo da morte — mais que a própria, a dos semelhantes. "A guerra é o pai de todas as coisas", dizia Heráclito. Toda astúcia, toda violência eram lícitas, e o vencido era entregue ao arbítrio do vencedor: "Vae victis". Os deuses, eles próprios, guerreavam-se: por que razão os homens não

---

181. Melakhim XII,4-5. Sobre o messianismo judaico, pode-se consultar G. SCHOLEM *Le Messianisme juif (essai sur la spiritualité du judaisme),* tradução francesa, Paris, 1974.

fariam o mesmo? Isto não quer dizer que os povos antigos desconhecessem os sentimentos da humanidade. Estes, entretanto, freqüentemente estavam reservados aos compatriotas e não se estendiam, em hipótese alguma, aos estrangeiros e aos inimigos. Nesse contexto, o caráter revolucionário do pensamento judaico assume grande destaque: longe de ser um valor positivo, a guerra torna-se o contravalor por excelência na vida das nações, o mal absoluto, sendo a paz o bem supremo. A esse respeito é ainda o monoteísmo que constitui a base dessa transposição de valores. Uma vez que todos os homens são iguais diante do Deus único, o massacre entre os homens não mais pode ser aceito: é sobre essa unidade fundamental do gênero humano, ligada ao monoteísmo, que se enraizou o que mais tarde chamaremos de moral internacional.

A guerra pode ser às vezes um mal necessário: ela não deixa, no entanto, de ser um mal, como aliás o é toda forma de violência. Opor o pacifismo dos profetas ao belicismo do Deus do Pentateuco a esse respeito, como algumas vezes é feito, importa numa aproximação tendenciosa. Já no Gênesis, Jacó não encontra palavras suficientemente duras para condenar a violência cometida por seus dois filhos, os quais, para vingar a honra de sua irmã, haviam massacrado os habitantes de Siquém[182]. O altar do Templo devia ser de pedra e nenhum instrumento de ferro deveria ser utilizado em sua construção[183]: o símbolo é claro e foi compreendido por todos os comentaristas. O Rei Davi, tido como herói nacional judeu, mais tarde verá ser-lhe recusada autorização, por Deus, para erigir-lhe um templo

182. Gên. 49, 5-7.
183. Êx. 20,25; Deut. 27,5.

em Jerusalém porque, objetou-lhe Deus: "Tu derramaste muito sangue e travaste grandes batalhas"[184]. Os profetas situar-se-ão na linha dessa tradição quando irão fustigar a inclinação de seus contemporâneos à violência, opondo-se às tendências belicistas de seus dirigentes. As citações cobririam páginas inteiras, mas uma só bastará: o célebre grito de Zacarias no momento da volta do exílio da Pérsia: "Não pelo poder, não pela força, mas por meu espírito, disse Iahweh..."[185]

A paz constitui a felicidade suprema. As visões bíblicas do futuro messiânico, para o qual caminha a comunidade das nações, são todas visões de desarmamento e de paz universal: uma paz concebida, aliás, não somente como ausência de guerras e de tensões, mas entendida de forma positiva como a realização da harmonia e da plenitude (a palavra hebraica *Shalom* significa etimologicamente "plenitude"). As descrições proféticas dessa paz das nações são bem conhecidas:

> Ele julgará as nações,
> ele corrigirá a muitos povos.
> Estes quebrarão as suas espadas,
> transformando-as em relhas,
> e as suas lanças, a fim de fazerem podadeiras.
>
> Uma nação não levantará a espada contra a outra,
> e nem se aprenderá mais a fazer guerra.
>
> Então o lobo morará com o cordeiro,
> o leopardo se deitará com o cabrito[186].

184. I Crôn. 22,8 e 28,3.
185. Zac. 4,6; cf. Is. 2,7; 30,15; 31,1, etc.
186. Is. 2,4 e 11,6.

> Exterminarei da face da terra o arco,
> a espada e a guerra;
> fá-los-ei repousar em segurança[187].

Na mesma perspectiva, é de se notar que o Messias não é apresentado como um herói nacional, que garantirá a vitória de seu povo sobre os outros, mas como um "Príncipe da Paz"[188], pois "sobre ele repousará o espírito de Iahweh: espírito de sabedoria e de discernimento, espírito de conselho e de fortaleza, espírito de ciência e de temor de Iahweh"[189]. Qual será a missão desse enviado de Deus: a guerra e a vitória? Não: a paz e a justiça.

> Antes julgará os fracos com justiça, com eqüidade pronunciará uma sentença em favor dos pobres da terra... A justiça será o cinto dos seus lombos e a fidelidade, o cinto dos seus rins...[190]
>
> O arco será eliminado. Ele anunciará a paz às nações[191].

A literatura rabínica exaltou esse tema da paz. A exaltação desse valor supremo nunca cessou de inspirar os rabinos: "O valor da paz iguala o de todas as coisas"; "Grande é a paz, na qual estão compreendidas todas as bênçãos"; "Se não há paz, não há nada"; "A bênção de Deus é a paz" etc. E para terminar, esta frase admirável de Rabi Yokanan ben Zakai:

> Se sobre as pedras do altar, que não vêem nem entendem nem falam, não se deve brandir a espada porque elas têm por missão trazer a paz entre os homens, com maior razão aquele que causa a paz entre homem e mulher, entre cidade e cidade, entre nação e nação, merece que não lhe aconteça nenhum mal.

187. Os. 2,20.
188. Is. 9,6.
189. Is. 11,2.
190. Is. 11,4-5 e 9.
191. Zac. 9,10.

A paz encarada como sendo um valor positivo, um bem precioso para todos, não é algo já pronto, que acharíamos facilmente. A paz não existirá se não a perseguirmos, se não trabalharmos ativamente para realizá-la: "Sede dentre os discípulos de Aron, aqueles que amam a paz e a perseguem"[192]. Compreende-se, neste contexto, a importância de que se reveste a solução jurídica dos conflitos, em qualquer nível que se situe. Mencionamos acima o papel da organização judiciária: convém acrescentar o da arbitragem — cada parte designando seu árbitro e as duas partes (ou os dois árbitros) designando o terceiro árbitro[193] — a arbitragem *ex aequo et bono,* entendendo-se as negociações, aliás, como sempre preferíveis ao recurso aos tribunais institucionalizados.

Estas são, em resumo, algumas indicações superficiais sobre determinadas idéias-força do pensamento judaico que, em certos pontos, têm ligação com as relações internacionais. Hoje em dia estas idéias podem parecer banais; recolocadas em seu contexto histórico, porém, elas revelam uma potencialidade revolucionária dificilmente contestável.

---

192. Avot 1,12.
193. Sinédrio III, 1.

## 2. A CONTRIBUIÇÃO DO JUDAÍSMO AO DESENVOLVIMENTO DO DIREITO INTERNACIONAL

Qual a influência que essas diversas tomadas de posição do pensamento judaico sobre os problemas pertinentes às relações internacionais exerceram sobre o desenvolvimento do Direito Internacional moderno?

Sem dúvida alguma, o judaísmo constitui um componente da civilização moderna, sendo normal que determinadas de suas aspirações fundamentais, ou seja, algumas de suas regras e instituições, sejam encontradas no Direito Internacional, assim como em outros setores. Avaliar com precisão a contribuição do pensamento judaico para o desenvolvimento do Direito Internacional não deixa de esbarrar em sérias dificuldades — como aliás acontece quando se tenta avaliar a influência de um autor sobre outro, de um pensamento sobre outro: tais influências raramente são lineares, podendo até uma mesma idéia ter sido veiculada por canais diferentes. No caso que nos interessa, o problema torna-se particularmente difícil pela ausência quase completa de estudos sobre o assunto: vimos como são raras e superficiais, na literatura moderna, as referências a qualquer contribuição do judaísmo ao Direito Internacional.

Essa dificuldade é ainda agravada pelo fato, já citado, de que essa contribuição não foi senão indireta, de certa maneira de segunda mão, já que se efetuou por intermédio de juristas e filósofos cristãos — católicos e protestantes — que fundaram o Direito Internacional moderno do século XV ao século XVIII. O laicismo moderno, porém, recorreu largamente às fontes religiosas e principalmente às fontes judaicas. Neste caso, a contribuição judaica reveste-se, mesmo assim, de um caráter indireto — conforme verificamos. Se acrescentarmos que o pensamento judaico enriqueceu-se, no correr dos séculos, com o contato de muitas civilizações, principalmente com a do Islã — para a qual o pensamento judaico muito contribuiu — pode-se avaliar como é delicada a exata apreciação da contribuição judaica ao Direito Internacional. Num conjunto abundante e complexo de pensamentos — judaico, árabe, grego e cristão — é que deveríamos, à força de influências e contra-influências, isolar a contribuição específica do fator judeu — tarefa que certamente não é fácil.

É preciso acrescentar a isso que, se o cristianismo constituiu incontestavelmente um precioso instrumento de difusão do pensamento judaico, ele contribuiu igualmente para dar uma imagem parcial deste último, até mesmo deformada: os pensadores cristãos viam o judaísmo através da teologia cristã, conhecendo dele principalmente o conteúdo bíblico e sobre o qual suas informações eram por vezes fragmentárias.

O estudo das contribuições do pensamento judaico ao Direito Internacional da forma como o forjaram os autores cristãos de alguns séculos atrás — ou seja, as inquestionáveis fontes judaicas dessa disciplina — revela-se certamente de grande interesse. As pesquisas sobre esse ponto são, aliás, ainda embrionárias e não há dúvida que trabalhos mais aprofundados haverão de reservar surpresas para os pesquisadores. Todavia, seria um erro limitarmo-nos a uma constatação meramente superficial, que se contentasse em destacar que o pensamento judaico clássico prenunciava, com alguns séculos de antecedência, o Direito Internacional Moderno, e que este muito deve àquele. Um ponto de vista tão simplista não retrataria adequadamente a realidade: um exame mais aprofundado não deixa, efetivamente, de revelar que, se o judaísmo constitui seguramente um componente, entre muitos outros, do Direito Internacional tal como o vivencia a sociedade internacional contemporânea, ele igualmente veicula elementos irredutíveis em relação a esse Direito e a essa sociedade. Sob certos aspectos, ele lhes parece totalmente heterogêneo. Além disso, a verificação dessas discordâncias entre o pensamento judaico e o Direito Internacional moderno não terá senão um valor puramente documental: permitirá talvez ver em algumas atitudes do pensamento judaico sobre as relações entre as nações um fator de crítica e, por isso mesmo, de evolução e progresso.

## Seção 1. O Judaísmo, Inspirador do Direito Internacional

As indicações dadas no primeiro capítulo sobre as tomadas de posição do pensamento judaico a respeito das relações internacionais revelam, como já frisamos várias vezes, uma presciência por vezes inesperada de alguns problemas e soluções do Direito Internacional moderno. Uma leitura ainda que superficial dos "pais fundadores" de nossa disciplina mostra que, longe de ignorar essas tomadas de posição, eles se inspiraram nelas mais de uma vez, sendo graças a eles que o judaísmo se tornou uma das fontes indiretas de nossa matéria. Essa influência pode ser facilmente avaliada no que diz respeito às regras e instituições do Direito Positivo; entretanto, apesar de talvez mais real e profunda, ela é mais difusa com relação a ideais e aspirações.

## 1. Os Ideais e Aspirações

Tudo o que constitui o internacionalismo moderno certamente encontra uma de suas fontes mais importantes nas aspirações messiânicas judaicas, transmitidas através de diversos canais — muito particularmente pelo cristianismo — às civilizações modernas. As palavras progresso, paz, acordos pacíficos, de tanto serem aviltadas, acabaram por ser desvalorizadas: não se deve, por esse fato, subestimar a importância que tais conceitos tiveram — e ainda têm — na medida em que constituem pedras angulares do Direito Internacional. Ora, esses valores-chave do mundo atual — apesar de freqüentemente lhes rendermos homenagens mais através de palavras do que pela ação — são em grande parte valores judaicos. O que não quer dizer — e aí surgiu a dificuldade — que outras influências à exceção da judaica tenham agido no mesmo sentido: o judaísmo evidentemente não tem o monopólio dos ideais de paz e justiça e outras correntes de pensamento contribuíram juntamente com ele para a criação do internacionalismo contemporâneo.

Se o conceito de *jus naturae et gentium,* por exemplo, não é de origem exclusivamente judaica, sem dúvida o pensamento judaico contribuiu para difundi-lo no Ocidente europeu. Também vimos acima como o judaísmo, através do conceito das "leis de Noé", abriu caminho para um *jus gentium* comum a todas as nações, fundado numa espécie de moral natural imposta pela razão. A noção de Direito Natural propriamente dita viu, sem dúvida, sua importância diminuir nos últimos séculos em proveito de um positivismo consensualista. Todavia, encontramos ressurgimentos inesperados desse Direito nos modernos conceitos de universalidade do Direito Internacional e no *jus cogens.* Fílon, o judeu — do qual se conhece a influência sobre o pensamento cristão — por exemplo, ao procurar demonstrar que a lei de Moisés e os pontos de vista dos filósofos gregos coincidiam no essencial, prefigurava, no século I d.C., a concepção de um Direito Internacional universal[1].

Entretanto, o conceito de Direito Natural não é o único a nos chamar a atenção. Na realidade, conforme já vimos, é o conjunto dos ideais do internacionalismo moderno que mergulha parte de suas raízes no pensamento judaico, mais especificamente no messianismo judaico. A evolução da sociedade internacional em direção a uma paz, organização e civilização crescentes; à igualdade dos Estados; ao respeito dos direitos dos estrangeiros; ao primado incontestável, na atualidade, após vários séculos de evolução, da solução pacífica dos conflitos ao invés do

---

1. Cf. BENTWICH, *The Religious Foundations of Internationalism,* p. 72.

uso da força, tornada enfim o valor negativo por excelência; à ênfase dada para a forma judiciária ou arbitral na solução dos conflitos, após o século XIX; à teoria dos direitos humanos; à condenação da discriminação racial; e certamente à posição central ocupada pelo princípio *pacta sunt servanda:* eis apenas alguns exemplos, entre muitos, de concepções que servem de apoio ao Direito Internacional atual e cuja origem situa-se, ao menos em parte, no componente judaico da civilização moderna.

## 2. As Regras e Instituições

A contribuição das fontes judaicas às regras e instituições concretas do Direito Internacional é menos difundida e, portanto, mais facilmente mensurável do que suas idéias filosóficas e morais: os autores católicos e protestantes que fundaram o Direito Internacional moderno citaram várias vezes suas fontes, e entre elas as fontes judaicas ocupam um lugar não desprezível. Em seu já mencionado artigo, Rosenne empreendeu um levantamento inicial das citações judaicas nas obras dos "pais fundadores" cristãos do Direito Internacional, de Vitoria e Suarez até Pufendorf e Barbeyrus[2]. Seriam necessários estudos mais aprofundados para fazer um balanço mais completo dessas contribuições judaicas. Para as necessidades do presente trabalho, bastará examinar, a título de exemplo, dois dos mais importantes fundadores do Direito Internacional: Grotius e Selden.

### Grotius

Grotius esteve estreitamente envolvido com os pro-

2. *Op. cit.*, p. 123-131.

blemas judeus de sua época. Após a chegada maciça de judeus e de marranos da Espanha e de Portugal, e a constituição de importantes comunidades judaicas nos Países Baixos, os Estados da Holanda pediram que Hugo de Groot examinasse o problema do estatuto a ser concedido a essas comunidades: esse exame resultou num relatório de 1615, publicado pela primeira vez em 1949[3]. Dotado de cultura enciclopédica, filósofo, historiador, poeta e teólogo, tanto quanto jurista, Grotius não podia ignorar, no contexto holandês de sua época, o pensamento judaico.

Certamente conhecia, e muito bem, a *Bíblia* judaica em 1664, tendo mesmo publicado a respeito um comentário sob o título: "Annotata ad Vetus Testamentum". Todavia, para ele o cristianismo — ao qual consagrou *De veritate religioni christianae* — constituía a realização do judaísmo na mesma proporção em que o ultrapassava.

Conheceria ele também a literatura pós-bíblica? Saberia o hebraico e teria, dessa forma, acesso direto à literatura judaica? A questão foi discutida[4]. É certo, porém, que em seu *De jure belli ac pacis,* cita abundantemente obras e autores pós-bíblicos: a paráfrase aramaica da *Bíblia* (que ele chama de "Chaldacus"), o *Talmud* de Jerusalém e o *Talmud* da Babilônia, Flávio Josefo, Fílon o judeu e autores mais recentes, tais como Rachi, "o rabino Davi" (Kimkhi), Albo, Abraão Ibn Ezra, Bahya e certamente

3. Ver *Encyclopaedia Judaica*, verbete "Grotius"; cf. ROSENNE, *op. cit.,* p. 126, nota 3.

4. Ver MEIJER, *Hugo Grotius, Knowledge of Hebrew*; LÖWENSTAMM, *Hugo Grotius Stellung zum Judentum;* HUSIK, *The of Nature, Hugo Grotius and the Bible;* ROSENNE, *op. cit.,* p. 127, nota 4.

Maimônides[5]. Igualmente é certo que emprega, às vezes, hebraísmos caracterizados, referindo-se aos "escritos dos hebreus", citando máximas dos "doutores hebreus" (isto é, dos rabinos do *Talmud*). Também é de se notar que suas citações pós-bíblicas são às vezes imprecisas, o que surpreende, considerando-se um autor sem dúvida tão meticuloso, sendo tais citações por vezes inexatas: as remissões ao *Talmud*, especialmente, mostram certa ignorância com relação à forma de citação tradicional, referem-se a tratados talmúdicos inexistentes ou ainda comportam traduções pouco rigorosas[6]. Deve-se concluir, pois, que seu conhecimento da literatura rabínica era de segunda mão? Supõem alguns que Grotius tinha mestres que se dedicavam ao estudo do hebraico e que vários de seus amigos (como o rabino-diplomata-impressor Menassé ben Israel, cujo prestígio era considerável em Amsterdam) eram sábios judeus, sendo temerário, entretanto, considerar Grotius como tendo tido acesso direto à literatura hebraica pós-bíblica[7].

Seja qual for o resultado dessas controvérsias, que apresentam interesse apenas do ponto de vista erudito, o certo é que, graças ao seu domínio das mais diversas fontes judaicas — fosse ele parcial ou indireto — pôde Grotius transmitir ao mundo cristão aberturas preciosas sobre o pensamento judaico, tendo desempenhado papel importante na introdução desse pensamento no Direito Internacional moderno.

5. Para uma verificação, ver ROSENNE, *op. cit.*, p. 125-126.
6. Para exemplos de erros, ver o estudo já citado de MEIJER, p. 142-143.
7. Sic: MEIJER, *op. cit.*

Seria impossível passar em revista todas as referências às fontes judaicas em seu *De jure belli ac pacis*. Alguns exemplos serão suficientes[8].

a) Em seus *Prolegômenos sobre os Três Livros,* Grotius explica o interesse que as fontes judaicas apresentam, em matéria de Direito Internacional, para um pensador cristão. Sublinhamos principalmente a idéia de que o Antigo Testamento conserva um valor próprio apesar da superveniência da "nova aliança", bem como sua insistência na necessidade de se recorrer aos próprios comentadores judeus para interpretar a "antiga aliança". A seguinte passagem merece ser citada:

Sirvo-me muitas vezes da autoridade dos livros que os profetas escreveram ou aprovaram, distinguindo porém a lei antiga da lei nova. Alguns filósofos sustentam que a lei antiga é o próprio Direito Natural: sem dúvida é uma opinião equívoca. A maioria das regras dessa lei provém, com efeito, da vontade livre de Deus, que nunca está em oposição com o verdadeiro Direito Natural. Neste sentido, podemos raciocinar sobre essas regras considerando-as como princípios derivados da própria natureza, desde que se tenha presente a distinção entre o Direito Divino, que por vezes é exercido pela intermediação dos homens, e os direitos dos homens, uns em relação aos outros. Portanto, temos evitado tanto esse erro como outro que se lhe opõe, segundo o qual, após os tempos da nova aliança, a antiga aliança teria caído em desuso. Pensamos o contrário, tanto pelas razões já expostas, quanto porque a natureza da nova aliança ordena, com relação às virtudes que se referem aos costumes, as mesmas ou ainda regras mais perfeitas que as da antiga. Vimos assim que os antigos escritores cristãos serviam-se dos testemunhos do Antigo Testamento.

Os escritores hebreus, sobretudo os que conheciam perfei-

8. As passagens a seguir citadas são emprestadas da tradução de Pradier-Fodéré, 3 volumes, 1867.

tamente a língua e os costumes de sua nação, prestaram uma contribuição substancial para o entendimento do pensamento contido nos livros que se referem à antiga aliança[9].

b) O capítulo I do livro I comporta um longo exame das relações entre judeus e estrangeiros:

Não há dúvida quanto ao erro em que incorrem os que, dentre os judeus... entendem que inclusive os estrangeiros, se quisessem ser salvos, deveriam sofrer o jugo da lei hebraica. Na verdade, uma lei não pode obrigar aqueles aos quais ela não foi dada. Ora, essa lei destina-se a quem ela foi dada ao dizer: "Escuta Israel"; e por toda parte declara-se que a aliança foi contraída com os hebreus, aos quais Deus escolheu para seu povo. A exatidão desse ponto é reconhecida pelo "filho de Maimon", que o prova através de uma passagem do Deuteronômio (XXXIII. 4).

Além do mais, alguns homens de origem estrangeira sempre viveram entre os hebreus, "piedosos e tementes a Deus", tais como a Sirofenícia (Mat. XV, 22) e aquele Cornélio (Atos X, 2), "que estava na categoria dos gregos religiosos", ou de acordo com o hebreu, na categoria dos chamados "virtuosos das nações", como se lê no título "do Rei", no *Talmud*. Eles são chamados na lei de "filhos do estrangeiro" (Lev. XXII, 25), "estrangeiros não circuncidados" (Lev. XXV, 47) e de acordo com o parafrasta caldeu, "um habitante não-circuncidado". Eles eram obrigados, como relatam os próprios doutores hebreus, a observarem as leis dadas a Adão e a Noé; deviam abster-se dos ídolos, do sangue e de outras coisas que lembraremos mais adiante, no lugar devido. Contudo, sua obrigação não era a mesma quanto às leis especiais dos israelitas...

... Concluímos que nenhuma parcela da lei hebraica nos vincula na sua qualidade propriamente dita de lei, pois toda obrigação, além da imposta pelo Direito Natural, emana da vontade de quem faz a lei. Ora, nada indica que Deus tenha desejado que outros além dos israelitas fossem submetidos a essa

9. I, p. 46-47.

lei. Portanto, não se pode provar, no que nos concerne, que ela tenha jamais sido ab-rogada, o que não seria o caso em relação a indivíduos que ela jamais vinculou....

Uma vez que a lei dada por Moisés não nos pode vincular diretamente, como demonstramos, vejamos se ela é de alguma utilidade tanto em relação a esse tratado do Direito da Guerra, quanto em relação a questões semelhantes. Importa muito, com efeito, sabê-lo.

A lei hebraica faz-nos ver primeiramente que o que foi nela prescrito não é contrário ao Direito Natural; sendo este, como já o dissemos, perpétuo e imutável, é impossível que Deus, que jamais é injusto, tivesse ordenado qualquer coisa contrária a esse Direito. Acrescentemos a isso que a lei de Moisés é chamada sem mancha e reta (Salmos XIX, Vulg. XVIII, 8), qualificando-a o apóstolo Paulo de santa, justa e boa (Rom. VII, 12)[10].

Esta passagem é interessante por vários aspectos: pela posição que Grotius assume na qualidade de cristão a respeito do judaísmo; pela ênfase que dá ao fato de que a lei mosaica não rege senão os judeus e que, aos olhos do judaísmo, os não-judeus são considerados como cumpridores de sua obrigação pelo simples respeito do mínimo ético constituído pelas "leis de Noé"; pelas referências a Maimônides, ao "parafrasta caldeu" (isto é, a tradução aramaica da *Bíblia,* tornada clássica, por Onkelos), aos doutores "hebreus"; pela confusão havida entre o "título do Rei, no *Talmud"* (que não existe) e o capítulo dos reis de Maimônides.

c) Quando chega ao Direito da Guerra, Grotius refere-se com especial insistência às fontes judaicas. Menciona as "guerras de Deus" contra os "sete povos que Deus entregou aos israelitas para que por eles fossem destruí-

10. I, p. 94-101.

dos, pois houve aí uma ordem especial para executar uma sentença pronunciada por Deus contra povos que se tinham tornado culpados de crimes maiores"[11]. Ele acrescentou, no entanto, que qualquer guerra exceto a ordenada contra os sete povos não é, *ipso facto,* interdita[12]. Há guerras lícitas. A profecia de Isaías, anunciando o desarmamento e a paz universal deve, segundo ele, ser "compreendida num sentido condicional" (se todos os povos fossem cristãos e vivessem cristãmente, não haveria mais guerras), mas não deveria ser interpretada como proibindo cabalmente o recurso à força. A obrigação de propor a paz — mesmo aos cananeus e a seus vizinhos, povos entre todos os mais criminosos — e de resolver o conflito pela negociação suscita sua atenção[13]. Evocando o precedente dos hasmoneus, ele indica que no dia de sábado não é permitida senão "a própria defesa e nenhum outro uso de armas"[14]. Menciona as regras protetoras dos prisioneiros e invoca a esse respeito o "doutor Bechai (Bahya), que disse a propósito dessa passagem: 'Deus quis que o campo dos israelitas fosse santo e não entregue às impurezas e abominações como o campo dos gentios' "[15]. Estende-se longamente sobre as regras bíblicas relativas à repartição das presas de guerra[16]. Numa passagem admirável salienta que, contrariamente ao que acontecia com os romanos, "entre os hebreus, que se viam privados do comércio com outros

11. I, p. 111; cf. II, p. 250; III, p. 100, 255 e 267.
12. I, p. 111 e 222.
13. III, p. 78 e 267 (Flávio Josefo é citado à p. 78).
14. II, p. 254.
15. III, p. 114.
16. III, p. 124 e ss.

povos por instituições especiais, os escravos encontravam asilo", e acrescenta "que é possível que daí tenha surgido o direito que, no solo dos francos, concedia aos escravos reclamarem a sua liberdade..."[17] Ele explica que:

> Mesmo Deus, nas guerras dos hebreus, quer que, após a paz oferecida e recusada, sejam poupadas as mulheres e as crianças, excetuando-se pequeno número de nações excluídas por um direito especial, e contra as quais a guerra não era uma guerra de homens, mas a guerra de Deus [18].

Grotius é manifestamente a favor da interdição de cortar árvores frutíferas. Apoiando-se em Fílon, demonstra que essa proibição visa até interditar o arrasamento das terras do inimigo e procura extrair daí um sentido profundo:

> Não se deve, escreve ele, pensar exclusivamente no presente, mas sim dirigir o olhar para o futuro e considerar que, nas vicissitudes a que todas as coisas do mundo estão sujeitas, pode facilmente acontecer que, os homens que hoje são nossos inimigos, venham a ser nossos aliados quando se chegar às conferências e aos tratados... [19]

d) O conceito das "leis dos filhos de Noé" é plenamente conhecido por Grotius, apesar de não figurar na *Bíblia* e ser mencionado somente na tradição rabínica. Grotius não ignora essa particularidade:

> Lembremo-nos aqui, escreve ele, a antiga tradição que existe entre os hebreus, segundo a qual Deus teria dado aos filhos de Noé várias leis não inteiramente transmitidas por Moisés [20].

17. III, p. 137.
18. III, p. 255 (Fílon e Josefo são citados).
19. III, p. 273-274.
20. I, p. 122.

e) A importância atribuída à organização judiciária e às garantias dos indivíduos sujeitos à ação da justiça, pelo judaísmo, é considerada por Grotius exemplar:

> Quem não acredita... que tendo sido a lei de Moisés sobre os julgamentos, expressão fiel da vontade divina, não agiram as nações sábia e piedosamente propondo-a como modelos?[21]

Sua atenção dirige-se especialmente "ao Sinédrio dos 70, que Moisés havia instituído por ordem de Deus e que subsistiu sem interrupção até os tempos de Herodes"[22]. Ele salienta mesmo que a *Bíblia* chama os juízes de "deuses" e os julgamentos de "sentenças de Deus"[23].

f) A instituição dos tratados com os povos estrangeiros é apoiada por numerosos exemplos tirados da *Bíblia*, que também lhe forneceram precedentes para a teoria da nulidade dos tratados[24].

g) O direito de passagem inocente foi explicitamente tirado por Grotius da passagem bíblica citada atrás[25].

h) Longos trechos são consagrados à condição dos escravos: além da *Bíblia*, Grotius cita as palavras do sábio hebreu:

> Se tiveres um servo, trata-o como irmão, pois ele é igual a ti[26].

### Selden

A atitude de John Selden não é menos interessante.

21. I, p. 123.
22. I, p. 259.
23. *Ibid.*
24. II, p. 250-251 e 256.
25. II, p. 412-413.
26. III, p. 301 e ss.

Apaixonado pela erudição judaica, além de seu célebre *Mare clausum* escreveu numerosas obras consagradas ao judaísmo: *History of Tithes* (1617), sobre os dízimos; *Uxor Ebraica* (1649), sobre o casamento e o divórcio; *De Synhedris* (1650), sobre os tribunais rabínicos; *De Successionibus* (1631); e, muito especialmente sobre o assunto aqui tratado, escreveu uma monumental obra intitulada *De jure naturali et gentium juxta disciplinam Ebraeorum* (1640), na qual, em mais de 800 páginas, estuda a posição do judaísmo sobre questões as mais diversas. No índice alfabético destacamos, desta forma, as seguintes rubricas: *bellum, gentes, jus naturalis, jus hominum commune, jus noahidarum, jus gentium, Talmud*. Nessa obra Selden demonstra um conhecimento amplo do *Talmud* de Jerusalém, bem como do de Babilônia, de comentadores posteriores como Maimônides e Nahmanide e, certamente, de Fílon e Flávio Josefo. Não há dúvida de que cometeu enganos[27]; entretanto, não resta dúvida de que, pela importância atribuída à teoria das leis de Noé e ao Direito Natural, ele permitiu que o pensamento judaico tivesse uma profunda penetração no Direito Ocidental.

São necessários estudos mais aprofundados, como já dissemos, para avaliar devidamente a participação da contribuição judaica ao Direito Internacional. Convém, no entanto, repetir que se deve evitar todo exagero: princípios fundamentais de nossa disciplina — especialmente o *pacta sunt servanda* — são encontrados em muitos outros sistemas de pensamento e fazem parte do patrimônio comum da humanidade ao qual já fizemos alusão. Isso não

---

27. HERZOG, *John Selden and Jewish Law*.

impede que a contribuição judaica ao desenvolvimento do Direito Internacional seja apreciável, sendo de admirar que historiadores do Direito Internacional, dentre os mais ilustres, tenham desconhecido a tal ponto uma das fontes essenciais de sua disciplina quando, inversamente, aqueles que lançaram as bases dessa matéria nada dissimularam do que deviam ao judaísmo.

## Seção 2. O Judaísmo, Fermento de Superação do Direito Internacional

O que acabamos de dizer pode sugerir que entre o judaísmo e o Direito Internacional moderno existe mais do que aproximações: uma simpatia profunda, quase uma simbiose. No entanto, seria permanecer na superfície das coisas prender-se a esta apreciação. Um exame superficial, limitado a aspectos isolados ou epifenomênicos faz-nos correr o risco de que sejam dissimuladas as diferenças que, talvez quanto ao essencial, separam as concepções judaicas e os princípios fundamentais do Direito Internacional contemporâneo. É certo que, tomadas isoladamente, certas regras, instituições e aspirações do judaísmo — tudo que foi exposto até aqui tende a demonstrá-lo — são não apenas avançadas em relação às do Direito Internacional atual, como também contribuíram para o desenvolvimento deste último. Tais regras, instituições e aspirações, entretanto, não podem ser consideradas, *per se*, destacadas do contexto religioso no qual se inserem. Entre um Direito dos Tratados ou um Direito da Guerra laicos e secularizados, e um Direito dos Tratados ou um Direito da Guerra baseados no monoteísmo, podem existir analogias — e no caso elas são incontestáveis. Contudo, tais analogias não são menos enganadoras: a presença ou a ausência de Deus não seria indiferente.

Dessa forma, por menos que nos aprofundemos no âmago das coisas, percebemos que o Direito Internacional atual é, nas suas profundezas, em determinados pontos fundamentais, de natureza diversa à do pensamento judaico; ou, se se preferir, no seu âmago o pensamento judaico é estranho ao Direito Internacional atual em alguns pontos fundamentais.

O Direito Internacional, tal como se formou depois da criação do Estado moderno, na verdade repousa sobre dois princípios básicos: de um lado, a soberania do Estado, e de outro um caráter essencialmente interestatal, do qual o indivíduo é excluído. Ora, apesar das semelhanças em vários pontos, destacadas atrás, o pensamento judaico encontra-se em desacordo com o Direito Internacional contemporâneo com relação a esses dois aspectos básicos.

## 1. O Judaísmo e o Estado Soberano

Se fôssemos resumir numa palavra toda a história do Direito Público após a formação do Estado moderno, de bom grado diríamos que essa história é feita de uma longa luta para a subordinação da soberania ao Direito. Isso é verdade no tocante à soberania do Estado na qual conceitos como os de *Rex legibus solutus* ou *The King can do no wrong*, levaram muito tempo para serem superados em benefício da submissão do Estado ao Direito e de seu controle pelos tribunais. Embora essa luta tenha progredido desigualmente conforme os países, sem excetuarmos aqueles que possuem um Direito Público Interno mais adequado — subsistem ainda em todos eles bolsões de resistência não desprezíveis: por toda parte certas atividades do poder são subtraídas ao Direito ou ao juiz; por toda parte, o governo e a administração gozam de certas prerrogativas que não são de domínio dos particulares e que são justificadas pelas finalidades do interesse geral do qual estão encarregados. É bem compreensível, dessa forma, que no plano das relações internacionais os progressos da submissão do Estado ao Direito e ao juiz sejam mais difíceis. Como exemplo, pergunta-se: para convencer os Estados a cumprirem seus compromissos, a Corte Permanente de Justiça Internacional não chegou a se entregar a uma verdadeira acrobacia verbal, no seu célebre veredicto sobre o Caso Wimbledon — que consistiu em afirmar que a conclusão de um tratado, longe de constituir um abandono da soberania, deve ao contrário ser analisada como um atributo desta última? E se o consensualismo permanece como um dos pilares do Direito Internacional moderno, deve-se isso ao fato de que ele protege melhor do que qualquer outra técnica o que poderíamos chamar de direito à última palavra, que os Estados fazem questão de conservar. Quer se trate de relações internas ou de relações internacionais, a concepção do Estado soberano, sustentáculo de todo Direito Público, leva o Estado a submeter-se a regras que não são as mesmas que regem as relações das pessoas privadas entre si, outorgando-lhe mais direitos e sujeitando-o a menos obrigações do que em relação a estas últimas. As preocupações morais, que quase nunca estão ausentes da formulação das regras do Direito Privado, são ao contrário pouco consideradas quando da redação das leis de Direito

Público: interesses superiores do Estado, razões de Estado — qualquer que seja o vocábulo empregado — voltamos sempre à velha idéia romana: *Salus reipublicae suprema lex* — isto é, em definitivo: o fim justifica os meios.

O judaísmo não desconhece certamente as necessidades da vida social organizada: "Não te separes da comunidade"; "A vida em sociedade ou a morte"[28]; eis duas máximas talmúdicas, entre muitas outras, que provam a importância atribuída aos assuntos sociais. Melhor ainda, o poder atrai o respeito e a obediência desde que tenha sido regularmente instituído. A esse respeito as máximas também abundam: "Gideão, em sua época, vale por Moisés em sua época; Sansão, em sua época, vale por Arão em sua época; e Jefté, em sua época, vale por Samuel na sua; o que se quer dizer com isso é que aquele que detém o poder, embora conquistado imerecidamente, tem direito ao respeito e à obediência, tanto quanto um chefe que tivesse um grande valor pessoal"[29]. "Reza pela prosperidade do Estado, pois sem ele cada um engulliria vivo o seu próximo"[30]. Aliás, não é somente o poder nacional que procura, dessa forma, a adesão e o reconhecimento, mas em alguns casos o próprio poder estrangeiro: lembramo-nos, por exemplo, do célebre princípio talmúdico segundo o qual, "a lei do país é a lei"[31]. E o *Talmud* relata

28. Avot M. S.; Taanit 23a.
29. Roch Haschaná 25b.
30. Avot III,2 — Mushkat vê aí, bem como em certos outros textos, a intuição do conceito de soberania desde os tempos bíblicos (*Theory and Realities in International Relations* (em hebraico), Tel-Aviv, 1966, p. 86-87.
31. Cf. *supra*, p. 17, nota 5.

o comentário inesperado de um rabino sobre o versículo do Gênesis: "Está escrito: E Deus viu que ele (o mundo) era muito bom: é do império romano que se trata. — Mas como se pode dizer do império romano que ele é 'muito bom'? — Porque ele garante o direito de cada um"[32].

Essas expressões de deferência para com as autoridades estabelecidas — "mesmo o que antecede as fontes é estabelecido pelo céu", diz o *Talmud*[33] — não devem, todavia, ocultar um fenômeno profundo: se o poder é admitido e reconhecido, o é de certa forma como um mal necessário. Desconfiamos daqueles que dele são investidos: "Não procures a intimidade dos governantes; mantém-te em guarda com relação à autoridade"[34]. Desconfiamos sobretudo do poder em si mesmo, cujos abusos parecem inevitáveis, apesar de todas as barreiras que instituímos para contê-lo. Assim, não estamos dispostos a conceder-lhe prerrogativas exorbitantes e, menos ainda, uma verdadeira soberania.

Essa restrição quase visceral do judaísmo contra o poder aparece já na passagem do Deuteronômio relativa à instituição da realeza:

> Quando tiveres entrado na terra que Iahweh teu Deus te dará, tomado posse dela e nela habitares, e disseres: "Quero estabelecer sobre mim um rei, como todas as nações que me rodeiam..."[35]

A realeza, como se verifica, não é apresentada como uma instituição "querida" por Deus: ela é "consentida"

32. Berechit Rabba 9.
33. Bava Batra 91b.
34. Avot I, 10 e II,3.
35. Deut. 17,14.

por este ao povo que a reclama, numa preocupação de imitação das nações vizinhas. O *Talmud* esclarece que não existe, no caso, uma prescrição positiva, porém simplesmente uma disposição permissiva. A instituição tolerada, dessa forma, é imediatamente isolada dentro de limites estreitos e cercada de garantias múltiplas, pois o poder é perigoso para quem o exerce, assim como para aqueles a ele submetidos. Daí a interdição feita ao rei, na continuação do texto, de multiplicar riquezas e poderio:

> Ele, porém, não multiplicará um grande número de cavalos para si... Que ele não multiplique o número de suas mulheres para que o seu coração não se desvie. E que não multiplique excessivamente sua prata e seu ouro [36].

Daí igualmente a obrigação de ter sempre perto dele o livro da *Torá* para que nunca esqueça que, rei ou simples cidadão, todo judeu é submetido à regra de Direito:

> Quando subir ao trono real, ele deverá escrever um livro, para seu uso, uma cópia desta Lei... Ela ficará consigo, e ele a lerá todos os dias de sua vida, para que aprenda a temer a Iahweh seu Deus, observando todas as palavras desta Lei e colocando estes estatutos em prática. Deste modo ele não se levantará orgulhosamente sobre seus irmãos... (literalmente: para que seu coração não se eleve acima de seus irmãos) [37].

Acham-se assim estabelecidos concomitantemente o primado da *Torá* e a submissão do Estado ao Direito e à Moral nas condições do Direito comum.

As razões dessa restrição com relação ao poder são fáceis de detectar: os riscos do abuso de poder, os riscos

36. Deut. 17,10-17.
37. Deut. 17,18-20.

de ver o poder colocado acima da lei comum. Há ainda, porém, razões mais profundas. Na concepção judaica, o diálogo deve estabelecer-se diretamente entre o homem e Deus, sem que se interponha entre ambos a mediação de um poder aspirando à soberania, até mesmo à quase divindade. O verdadeiro, o único rei, é o próprio Deus, e toda pretensão que o Estado possa ter de representar um centro de decisão e de poder autônomos é concebida como comprometedora do diálogo direto entre Deus e o homem. Esse tema volta incessantemente na *Bíblia*. Quando os hebreus, mal saídos do Egito, levantaram-se contra Moisés, pedindo-lhe para voltarem sobre seus passos, dizendo: "Escolhamos um chefe e voltemos para o Egito", os partidários de Moisés responderam-lhes: "Tão-somente não vos rebeleis contra Iahweh"[38]. Mais tarde, na época dos Juízes, "os homens de Israel disseram a Gideão: 'Reina sobre nós, tu, o teu filho e o teu neto...', Gideão disse-lhes: 'Não serei eu quem reinará sobre vós, nem tampouco meu filho, porque é Iahweh quem reinará sobre vós"[39]. Mais tarde ainda, quando os anciãos de Israel vieram ter com Samuel para dizer-lhe: "...constituí sobre nós um rei o qual exerça a justiça entre nós, como acontece em todas as nações", esse pedido desagradou a Samuel, que consultou Deus, tendo este respondido:

> Atende a tudo que te diz o povo porque não é a ti que eles rejeitam, mas a mim, porque não querem mais que eu reine sobre eles... Portanto, atende ao que eles pleiteiam. Mas solenemente, lembra-lhes e explica-lhes o direito do rei que reinará sobre eles.

38. Núm. 14,4 e 9.
39. Juí. 8,22-23.

Samuel descreveu então ao povo "como governará o rei" (é esse o famoso "capítulo do rei", anteriormente mencionado), acrescentando: "Então naquele dia, reclamareis contra o rei que vós mesmos tiverdes escolhido, mas Iahweh não vos responderá naquele dia!" De nada valeu.

O povo, no entanto, recusou-se a atender a palavra de Samuel e disse: "Não! Mas teremos um rei e seremos, nós também, como as outras nações: o nosso rei nos julgará, irá à nossa frente e fará as nossas guerras"[40].

Desses textos salta à vista uma concepção restritiva do poder estatal. A realeza é instaurada somente para que se atenda ao povo, encontrando-se talvez aí o esboço de um fundamento democrático de poder[41]. O poder é descrito qual monstro frio que, em nome dos pretensos interesses superiores do Estado, expõe-se ao perigo de escarnecer dos direitos e liberdades; quando a resistência à opressão surgir, por fim, "Iahweh não vos responderá naquele dia". Os rabinos, por sua vez, oporão ao "jugo do reinado de Deus" — que eles suplicavam ao fazerem suas promessas — o "jugo do reinado" (compreenda-se do Estado), de cujo encargo, entretanto, em suas orações eles pediam para serem liberados.

Nessas condições, podemos compreender por que o rei nunca tenha sido, no povo hebreu, como em tantos outros povos, objeto da mínima deificação. Sua missão é puramente funcional: ele conduz o povo na paz e na guerra,

40. I Sam. 8,5 e 11-19.
41. Cf. o princípio talmúdico segundo o qual "chefe algum pode ser posto à testa de uma coletividade sem o consentimento desta última" (Berakhot 55a).

não se beneficiando, entretanto, de nenhuma superioridade intrínseca. A sacralização do poder é um fenômeno alheio ao judaísmo. Moisés, por exemplo, não nos é apresentado na narrativa bíblica como herói nacional, mas como um homem "humilde", que gagueja e que hesita em aceitar a missão que Deus quer confiar-lhe. O *Midrash* salienta que Moisés e Davi foram escolhidos por Deus, para guiar o povo, não devido à sua autoridade pessoal ou à sua coragem, mas porque, em sua vida simples de cidadãos, haviam provado ter qualidades de coração[42]. E o *Talmud* inclui este trecho extraordinário: o sábio tem prioridade sobre o rei em matéria de resgate dos cativos "porque um sábio morto não é substituível, mas um rei de Israel morto, todo judeu é capaz de substituí-lo"[43]. Quanto a Maimônides, aliás, bastante preocupado com a preservação das necessárias competências do rei (como sabemos, ele interpretou a descrição do "capítulo do rei" como possuidor de valor normativo), ele estabeleceu explicitamente o princípio que, em caso de conflito entre uma ordem real e um mandamento da *Torá,* o cidadão deve fazer prevalecer este último.

As restrições de Moisés e Samuel não se revelaram vãs: os reis de Judá e de Israel comportar-se-ão muitas vezes como possuidores de poderes ilimitados, não hesitando em ridicularizar o Direito e a Moral. Os profetas não cessarão de fustigá-los, criticando impiedosamente todos os desvios das regras de Direito. Dois episódios bíblicos são especialmente interessantes a este respeito. Tendo

42. Chemot Rabba 2.
43. Chabbat 151.

Davi abusado, na guerra, de suas prerrogativas reais para livrar-se de um marido incômodo — além de tudo estrangeiro — foi-lhe submetido por Natan, o profeta, a parábola do rico que tomou à força o único cordeiro do pobre, concluindo: "Por que desprezaste Iahweh e fizeste o que lhe desagrada? Tu feriste à espada Urias, o heteu; sua mulher tomaste-a por tua mulher..."[44] De forma parecida, o proprietário de uma vinha, vizinha de um terreno pertencente a Acab, rei de Israel, recusou-se a ceder a ele essa vinha, até mesmo mediante indenização; a Rainha Jezabel sugeriu então ao marido utilizar, para atingir seus fins, as prerrogativas reais ("És tu que agora governas a Israel?") montando, para eliminar o proprietário, um processo cujas peças seriam todas forjadas: o profeta Elias bradará sua indignação na face do rei: "Mataste e ainda por cima roubas!"[45]

A restrição do judaísmo a respeito do poder político explica sua absoluta oposição a toda forma de teocracia: teocracia desejada, se se trata verdadeiramente do "poder de Deus" — como o quer a etimologia da palavra; contudo, é uma teocracia temida quando se trata de confundir o poder sacerdotal com o poder político, para dar ensejo a reforçar um através do outro. "Não se investem sacerdotes de funções reais"[46]: eis o princípio fundamental, compreendendo-se dessa forma por que os rabinos se distanciaram rapidamente do Estado hasmoneu, cujos dirigentes queriam reunir em si próprios as duas funções.

O Estado entendido como mal necessário é, por isso

44. II Sam. 12,2-12.
45. I Reis 21.
46. Yeruchalmi, Chekalim VI, 1.

mesmo, encarado como um mal transitório: haverá de chegar o dia em que a humanidade, ao evoluir no sentido do progresso, encarará o fenômeno do poder político como inútil, pois nesse momento "a terra estará repleta do conhecimento de Deus, assim como o mar repleto das águas".

Se se pensar num poder submetido à *rule of law;* num poder limitado em suas prerrogativas e submetido ao Direito e à lei comuns; num poder totalmente dessacralizado e condenado a desaparecer, aí então se compreenderá por que tais concepções fundamentais não tenham estimulado o pensamento judaico a elaborar um verdadeiro Direito Público, e muito menos um Direito Internacional Público. Para o judaísmo não há senão duas categorias de relações dignas desse nome: aquelas "entre o homem e o seu próximo" e aquelas "entre o homem e Deus". As regras que governam as relações entre o homem e o Estado ou entre um Estado e outro Estado não têm, a seus olhos, senão um interesse efêmero, de certa forma episódico.

O judaísmo, na profundidade de suas concepções, mostra-se assim estranho ao que constitui a essência do Direito Internacional contemporâneo. Para o judaísmo está fora de questão o egoísmo sagrado dos Estados soberanos. Para ele a política deve ser absorvida pela Moral, e o bem do Estado jamais será a lei suprema. Os Estados também devem ser julgados, mas não em função de sua habilidade política, e sim pela moralidade de sua ação: Maimônides expressará essa concepção de maneira admirável[47]. Decorre daí que a vontade dos Estados não pode, como acontece no Direito Internacional moderno, ser considerada como a fonte principal do Direito que os governa, uma vez que

47. Ver ROSENNE, *op. cit.,* p. 149.

essa fonte é encontrada nas exigências superiores da Ética. Isto significa que o consensualismo levado ao extremo é tão estranho ao espírito do judaísmo quanto o conceito de soberania de Estado.

## 2. O Judaísmo e a Personalidade Internacional do Indivíduo

As observações que acabam de ser feitas não deixam dúvida quanto ao repúdio fundamental do pensamento judaico contra o papel apagado que o Direito Internacional clássico reserva ao indivíduo. Uma vez que a única soberania reconhecida é a de Deus, a concepção de um Direito Internacional que absorve o indivíduo pelo Estado é absolutamente contrária às convicções mais íntimas do judaísmo. A partir do instante em que o pensamento judaico atribui missão limitada e transitória ao fenômeno estatal, ele não pode admitir que o indivíduo seja reduzido à função de objeto ou joguete das relações internacionais. Assim, numerosas instituições de Direito Internacional situam-se num plano que o pensamento judaico recusa-se a considerar. Para ele, existe Deus e existe o homem: as instituições políticas evidentemente têm sua utilidade — prova-o o respeito com que são cercadas em determinados aspectos — mas é fundamental que jamais ocultem aquilo que é essencial, isto é, o homem e Deus.

## 3. O Judaísmo e o Direito Internacional do Futuro

As analogias precedentes conduzem, conforme verificamos, a conclusões quando não contraditórias, pelo menos distintas.

De um lado, não se pode negar que o judaísmo favoreceu a eclosão, na Europa Ocidental, a partir do século XVI, de idéias-força do Direito Internacional: grande parte de suas regras e instituições inspiraram diretamente as regras e instituições correspondentes do Direito Internacional: seu ideal messiânico de paz pelo Direito forneceu material precioso para a elaboração do internacionalismo moderno. Por todos esses aspectos, sem dúvida alguma, o judaísmo desempenhou um papel importante no desenvolvimento e na evolução do Direito Internacional.

Por outro lado, no entanto, verificamos que o judaísmo e o Direito Internacional atual estão separados por um abismo de incompreensão. Direito laicizado, o Direito Internacional não pode deixar de mostrar-se insensível aos embasamentos religiosos e metafísicos das posições judaicas em matéria de relações internacionais. O judaísmo, como um pensamento centrado essencialmente na moral e quase que exclusivamente preocupado com as relações do homem com os seus semelhantes e deste com Deus, não pode deixar de sentir-se estranho a um sistema jurídico cujo fundamento essencial é o Estado soberano e no qual a dialética do bem e do mal não desempenha — é o mínimo que se pode dizer — papel algum.

Os resultados do estudo seriam um tanto decepcionantes caso nos limitássemos apenas a estas conclusões: descontínuas e fragmentárias, as contribuições do judaísmo ao Direito Internacional não se reportariam, finalmente, ao essencial, tanto assim que os internacionalistas não teriam interesse em referir-se ao pensamento judaico senão sob uma perspectiva puramente histórica, visando destacar as origens de determinada regra ou instituição.

Talvez seja possível ir mais longe, entretanto. O Direito Internacional — eis uma verificação banal — encontra-se atualmente em plena crise. Delineia-se uma evolução da qual ele haverá de ressurgir, sem dúvida, bem diferente do que hoje é. Desde já algumas diretrizes podem ser esboçadas. O conceito de *jus cogens,* por exemplo, embora discutível sob alguns pontos de vista, demonstra um recuo do consensualismo a favor da primazia de normas superiores de caráter imperativo, que deveriam impor-se à vontade dos Estados. Se isso no momento significa antes uma arma política ao invés de uma técnica de moralização das relações internacionais, não é o caso de se discutir; porém não é proibido sonhar com uma concepção do *jus cogens* que o transforme numa ponte para que se atinja o Direito pela Moral. Aliás, o lugar do indivíduo no sistema do Direito Internacional não cessa de alargar-se: não é de todo descabido imaginar, a este respeito, que um dia o indivíduo poderá ser considerado como um sujeito pleno na vida jurídica internacional. A resistência do Direito Internacional atual no plano da soberania do Estado parece mais difícil de ser abalada. Sem dúvida, o desenvolvimento prodigioso da cooperação internacional nos domínios econômico e técnico assinalam um certo recuo da soberania dos Estados; entretanto, no plano político a soberania dos Estados continua, mais que nunca, como centro de todo o sistema, e muito tempo decorrerá até que os Estados renunciem a esse maravilhoso instrumento de um egoísmo sagrado.

Tanto é assim que o judaísmo encontra-se mais à vontade quando se confronta com o Direito Internacional e da sociedade internacional de hoje em dia. Considerando-se que o pensamento judaico encontra-se inteiramente centrado na espera messiânica, tal característica não surpreende. Enquanto componente do Direito Internacional clássico, o judaísmo ultrapassa o mesmo e projeta sobre ele uma visão de futuro que prefigura, sob certos aspectos, o novo Direito Internacional. Essa visão seria utópica? É possível. Entretanto, o messianismo judaico possui, pela própria natureza, técnicas de encantamento cuja esperança, de tanto repetir coisas que não são e que talvez nunca sejam, é apressar, apesar de tudo, sua realização.

Num momento em que o Direito Internacional é questionado por todos os lados e procura novo alento, talvez não seja fora de propósito salientar que, se o pensamento judaico constituiu historicamente um fator de desenvolvimento para o Direito Internacional, ele poderá afinal revelar, através das idéias que veicula, outra realidade e mais ainda: um fator — quem sabe um fermento? — de superação do Direito Internacional.

# BIBLIOGRAFIA

Citamos nesta bibliografia apenas alguns estudos especialmente dedicados ao assunto ou, pelo menos, a alguns de seus aspectos. Não registramos obras gerais de direito internacional público (mesmo que comportem em sua parte histórica menção ao tema) nem as que versam especificamente sobre a história do Direito Internacional.

Uma rubrica especial desta bibliografia fornece indicações sumárias sobre as principais fontes judaicas citadas (p. 120).

BENAMOZEGH, E., *Israel et l'Humanité*, Paris, 1961 (nova ed.).
BENTWICH, N., *The Religious Foundations of Internationalism*, Londres, 1933 — "Hattanàkh kemakor lediné milkhama chel haamim" (A Bíblia como fonte de direito da guerra nas nações), em hebraico, *Hamichpat haivri*, fasc. 4, 1937, p. 147.
BEVAN, E. R. e C. SINGER (orgs.), *The Legacy of Israel*, Oxford, 5.ª edição, 1953.
EISENSTADT-BARZILAI, S., "Réchit yikhussav habenleumiim chel haam haisraeli". (As primeiras relações jurídicas internacionais do povo de Israel), em hebraico, *Hamichpat haivri*, fasc. 1, 1927.
FEDERBUSCH, S., *Michpat hamelukha beisrael* (O direito do Estado em Israel), em hebraico, Jerusalém, 1973.
FOX, M., *Maimonides and Aquinas on Natural Law*, Diné Israel, 1972, p. 92.
GUTTMANN, R., *Das Judentum und seine Umwelt*, t. I, Berlim, 1927.
HUSIK, I., "The Law of Nature, Hugo Grotius and the Bible", *Hebrew Union College Annual*, vol. II, Cincinnati, 1925, p. 381.

ISAACS, N., "The Influence of Judaism on Western Law", in *The Legacy of Israel*, Oxford, 5.ª edição, 1953, p. 377.

KONVITZ, R. (org.), *Judaism and Human Rights*, Nova York, 1972.

LEW, J., "Jewish Law — Its Development and its Coexistence in the Non-Jewish World", *Rabels Zeitschrift für ausländisches und internationales Privatrecht*, 1976, p. 101.

LÖHR, M., *Das Asylwesen im alten Testament*, Halle, 1930.

LÖWENSTAMM, A., "Hugo Grotius' Stellung zum Judentum", *Festschrift zum 25-jährigen Bestehen des Jüdischen Theologischen Seminars*, vol. II, Breslau, 1929, p. 295.

MEIJER, J., "Hugo Grotius' Knowledge of Hebrew", *Historia Judaica*, vol. XIV, 1952, p. 133.

NANTET, J., *Les Juifs et les Nations*, Paris, 1956.

ROSENBAUM, S. "Hamichpat hemadini bimé hachoftim vehamelakhim harichonim" (O direito público em Israel na época dos Juízes e dos primeiros reis), em hebraico, *Hamichpat haivri*, fasc. 3, 1928, p. 139.

ROSENBAUM, S. "Hamichpt hamadini bimé hachoftim veha- *Nederlands Tijdschrift voor Internationaal Recht*, 1958, p. 119 (em hebraico em *Hapraklit*, 1957, p. 1).

———., "The Concept of 'Territorial Sea' in the Talmud", *Israel Law Review*, 1975, p. 503.

RUYSSEN, T., *Les sources doctrinales de l'internationalisme*, vol. I, Paris, 1954.

# Algumas indicações sobre as principais fontes judaicas citadas

1. A *Bíblia* é citada, salvo exceção, na versão francesa da *Tradução Ecumênica da Bíblia: Antigo Testamento (Traduction oecuménique de la Bible: Ancien Testament)* (Paris, 1975). Foram igualmente copiadas dessa versão as abreviações e a maneira de fazerem as citações. [O tradutor utilizou a versão para o português, bem como as abreviações, de *A Bíblia de Jerusalém*, São Paulo, Edições Paulinas, 1981.]

2. As remissões ao *Talmud* (abrangendo a *Mishná*) foram feitas segundo a maneira tradicional. Citações sem qualquer outra indicação referem-se ao já mencionado tratado do *Talmud* de Babilônia; citações do *Talmud* de Jerusalém são precedidas da menção *Yeruchalmi*.

O *Talmud* de Babilônia foi traduzido em inglês (ver as referências em ROSENNE, *The Influence of Judaism*... p. 119, nota 1, de *Judaisme et dévelopment du droit international*). O *Talmud* de Jerusalém foi traduzido em francês (Paris, 1972, 6 vols.).

Serão encontradas indicações sucintas sobre a estrutura do *Talmud* e sobre suas opiniões sobre determinados pontos, em uma obra de divulgação facilmente acessível: A. COHEN, *O Talmud*, Paris, 1976.

3. As duas obras fundamentais de Flávio Josefo (37-100) foram reeditadas recentemente em tradução francesa: *Histoire ancienne des Juifs*, seguida de *La guerre des Juifs contre les Romains*, Paris, 1968-1973; *La guerre des Juifs*, Paris, 1977.

4. Maimônides (1135-1204) é citado principalmente quanto às suas *Hilkhot Melakhim (Regras do Rei);* as citações desse tratado são simplesmente introduzidas pela referência *Melakhim*.

5. Uma bibliografia, mesmo limitada ao extremo, sobre o judaísmo em geral ou sobre os grandes monumentos do pensamento judaico, ultrapassaria os limites do presente estudo. Limitar-nos-emos, portanto a assinalar, devido a seu fácil acesso, duas obras de grande divulgação, nas quais o leitor encontrará a definição de determinados conceitos básicos e informações muito resumidas sobre certos aspectos do pensamento judaico: A. COHEN, *O Talmud*, já citado; E. FLEG, *Anthologie juive des origines à nos jour*, Paris, 1951.

Para indicações mais precisas e de caráter mais científico, pode-se recorrer à recente *Encyclopaedia Judaica* (em inglês), 16 volumes, Jerusalém, 1972.

6. A respeito do *direito judaico*, pode-se consultar:
ELON, M., *The Principles of Lewish Law*, Jerusalém, 1975 —
    *Hamichpat haivri*... *(O Direito Hebraico, suas Fontes, seus Princípios)*, em hebraico, 3 v., Jerusalém, 1973.
FALK, Z., *Hebrew Law in Biblical Times*, Jerusalém, 1964.
HERZOG, I., *The Main Institutions of Jewish Law*, 2 v., 2.ª edição, Londres, 1965.

# NOTA BIBLIOGRÁFICA

PROSPER WEIL, nasceu em 21 de setembro de 1926 em Strasbourg. Estudou nas Universidades d'Aix-en-Provence e de Paris. Doutor em Direito pela Faculdade de Direito de Paris em 1952. Adjunto das faculdades de Direito em 1952.

Professor das Faculdades de Direito de Grenoble, Aix-en-Provence e Nice.

A partir de 1965, professor na Universidade de Paris.

Diretor do Institut de Hautes Études Internationale de Paris.

Perito da delegação francesa junto à Corte Internacional de Justiça na questão dos *Minquiers et Ecréhous* (1953). Conselheiro e advogado da União Internacional das Telecomunicações junto ao Tribunal Administrativo da OIT (1962). Conselheiro e advogado do Governo da República Federal do Camerum junto à Corte Internacional de Justiça na questão do *Camerum Setentrional* (1963). Conselheiro e advogado do governo espanhol junto à Corte Internacional de Justiça na questão da *Barcelona Traction, Light and Power Company, Limited* (1969). Conselheiro e advogado do governo do Chile na arbitragem do *Canal de Beagle* (1977).

Membro da delegação francesa na Assembléia Geral das Nações Unidas, 6.ª Comissão (1966). Membro do Comitê Superior de Estudos Jurídicos do Principado de Mônaco (a partir de 1963) etc.

## Principais Publicações

*Les conséquences de l'annulation d'un acte administratif pour excès de pouvoir*, Paris, 1952.

*Les grands arrêts de la jurisprudence administrative* (com MM. Long e Braibant), Paris, 6.ª edição, 1974.

*Le droit administratif*, Paris, 6.ª edição, 1975 (tradução espanhola, Madrid, 1966).

"La nature du lien de fonction publique dans les organisations internationales", *Revue générale de droit international public,* 1963.

"Le droit administratif international: bilan et tendances", curso ministrado no Institut de Hautes Études Internationales, Paris, 1962-1963.

"Poblèmes relatifs aux contrats passés entre un Etat et un particulier", *Recueil des cours,* 1969-III, volume 128.

"Droit international et droit administratif", *Mélanges Trotabas,* Paris, 1970.

"Le règlement territorial dans la résolution du 22 novembre 1967", *Les nouveaux cahiers,* 1970. — Em inglês: "Territorial Settlement in the Resolution of November 22, 1967", em *The Arab-Israeli Conflict* (John Norton Moore, ed.), volume II, Princeton, 1974.

"Droits de l'homme et droit administratif français", *Mélanges Cassin,* Paris, tomo IV, 1972.

"Le droit international économique: mythe ou réalité?", em *Aspects du droit international économique,* Paris, 1972.

"La déchéance quadriennale en matière d'emprunt international", *Journal de droit international,* 1973.

"The European Community: A New Legal Order", *Mishpatim,* Jerusalém, 1973.

"Les clauses de stabilisation ou d'intangibilité insérées dans les accords de développement économique", *Mélanges Rousseau,* Paris, 1974.

# COLEÇÃO ELOS

1. *Estrutura e Problemas da Obra Literária*, Anatol Rosenfeld.
2. *O Prazer do Texto*, Roland Barthes.
3. *Mistificações Literárias: "Os Protocolos dos Sábios de Sião"*, Anatol Rosenfeld.
4. *Poder, Sexo e Letras na República Velha*, Sergio Miceli.
5. *Do Grotesco e do Sublime*, Victor Hugo (Trad. e Notas de Célia Berrettini).
6. *Ruptura dos Gêneros na Literatura Latino-Americana*, Haroldo de Campos.
7. *Lévi-Strauss ou o Novo Festim de Esopo*, Octavio Paz.
8. *Comércio e Relações Internacionais*, Celso Lafer.
9. *Guia Histórico da Literatura Hebraica*, J. Guinsburg.
10. *O Cenário no Avesso*, Sábato Magaldi.
11. *O Pequeno Exército Paulista*, Dalmo de Abreu Dallari.
12. *Projeções: Rússia/Brasil/Itália*, Boris Schaniderman.
13. *Marcel Duchamp ou o Castelo da Pureza*, Octavio Paz.
14. *Os Mitos Amazônicos da Tartaruga*, Charles Frederik Hartt (Trad. e Notas de Luís da Câmara Cascudo).
15. *Galut*, Itzchak Baer.
16. *Lenin: Capitalismo de Estado e Burocracia*, L. M. Rodrigues e O. de Fiore.
17. *Círculo Lingüístico de Praga*, Org. J. Guinsburg.
18. *O Texto Estranho*, Lucrécia D'Aléssio Ferrara.
19. *O Desencantamento do Mundo*, Pierre Bourdieu.
20. *Teorias da Administração de Empresas*, Carlos Daniel Coradi.
21. *Duas Leituras Semióticas*, Eduardo Peñuela Cañizal.
22. *Em Busca das Linguagens Perdidas*, Anita Salmoni.
23. *A Linguagem de Beckett*, Célia Berrettini.
24. *Política e Jornalismo*, José Eduardo Faria.
25. *Idéia do Teatro*, José Ortega y Gasset.
26. *Oswald Canibal*, Benedito Nunes.
27. *Mário de Andrade/Borges*, Emir Rodríguez Monegal.
28. *Política e Estruturalismo em Israel*, Ziva Ben-Porat e Benjamin Hrushovski.
29. *A Prosa Vanguardista na Literatura Brasileira: Oswald de Andrade*, Kenneth D. Jackson.
30. *Estruturalismo: Russos x Franceses*, N. I. Balachov.

31. *O Problema Ocupacional: Implicações Regionais e Urbanas*, Anita Kon.
32. *Relações Literárias e Culturais entre Rússia e Brasil*, Leonid A. Shur.
33. *Jornalismo e Participação*, José Eduardo Faria.
34. *A Arte Poética*, Nicolas Boileau-Despreux (Trad. e Notas de Célia Berrettini).
35. *O Romance Experimental e o Naturalismo no Teatro*, Émile Zola (Trad. e Notas de Célia Berrettini e Italo Caroni).
36. *Duas Farsas: O Embrião do Teatro de Molière*, Célia Berrettini.
37. *A Propósito da Literariedade*, Inês Oseki-Depré.
38. *Ensaios sobre a Liberdade*, Celso Lafer.
39. *Leão Tolstói*, Máximo Gorki (Trad. de Rubens Pereira dos Santos).
40. *Administração de Empresas: O Comportamento Humano*, Carlos Daniel Coradi.

# Oswald Canibal

Coleção ELOS
Dirigida por J. Guinsburg

Equipe de realização — Planejamento Visual: A. Lizárraga; Produção: Plinio Martins Filho.

**Benedito Nunes**
# Oswald Canibal

EDITORA PERSPECTIVA

Copyright © Editora Perspectiva, 1979

Direitos reservados à
EDITORA PERSPECTIVA S.A.
Av. Brigadeiro Luís Antônio, 3025
01401 — São Paulo — Brasil
Telefone: 288-8388
1979

**SUMÁRIO**

1. Antropofagia e Vanguarda — Acerca do Canibalismo Literário ........................ 7
2. Homem de Muita Fé ..................... 39
3. O Retorno à Antropofagia ................ 51
4. A Crise da Filosofia Messiânica ............ 59
5. A Marcha das Utopias ................... 69

## 1. ANTROPOFAGIA E VANGUARDA —
### ACERCA DO CANIBALISMO LITERÁRIO

I

A história do Modernismo brasileiro, que apenas começou a ser traçada, ainda se ressente da falta de um estudo metódico das relações desse movimento com as correntes da vanguarda literária e artística européia de que se aproximou. Freqüentes têm sido, nos esboços da história do Modernismo, as referências ao Futurismo, como bandeira das manifestações estéticas dos jovens participantes da Semana, agrupados, desde 1917, em torno do expressionismo de Anita Malfatti. Raramente se alude porém ao interesse especial do grupo de 22 pela estética do Cubismo, a que se acharam ligados os nomes de Apollinaire, Max Jacob, Blaise Cendrars, Jean Cocteau, Pierre Reverdy e Paul Dermée.

Já em 1925, Tristão de Athayde lamentava que Oswald de Andrade estivesse sob a influência do *dadaísmo*, condenado pelo crítico como uma das formas negati-

---

\* Os capítulos deste livro foram anteriormente publicados como artigos, agora refundidos, nos Suplementos Literários de *O Estado de São Paulo* e *Minas Gerais*.

vistas do espírito europeu [1]. E Mário de Andrade qualificava de quase *dada* a prosa descontínua de *Memórias Sentimentais de João Miramar,* para ele "a mais alegre das destruições" [2]. Três anos depois, o experimento poético que foi a *antropofagia* incorporava o Surrealismo.

Todos esses degraus da modernidade — Cubismo, Dadaísmo e Surrealismo — galgou o movimento de 22 por obra de Mário e Oswald de Andrade. Ambos jamais ocultaram a convivência intelectual que mantiveram com os escritos representativos das correntes renovadoras de então, e que eram, como se pode ver hoje, as alas de um só movimento sensíveis à situação problemática da literatura e da arte.

Admite-se de um modo geral que o movimento de 22 foi, na sua fase aguda e polêmica, caudatário dos diversos *ismos* da época. De acordo com semelhante ponto de vista, a interferência das correntes européias no desenvolvimento do nosso Modernismo deu-se como um mal necessário, ou como uma espécie de ritual de passagem que a literatura brasileira teve de cumprir, antes de alcançar a normalidade da vida adulta. Só restariam do período experimental e polêmico, que terminou em 30, — período que também se qualificou de anárquico e imitativo — as ousadias e exageros do Futurismo e do Dadaísmo nacionais a título de curiosidades da história literária, que pouco interesse ofereceriam ao crítico em busca de obras sérias e verdadeiramente originais.

Serão sempre bem-vindos, por isso, todos os estudos que, procedendo ao balanço das idéias, das técnicas, das

---

1. Tristão de Athayde, Literatura Suicida, *Estudos,* Rio de Janeiro, Companhia Aguilar Editores, 1925/III 914/923, 1966.
2. Mário de Andrade, Oswald de Andrade, *Revista do Brasil,* São Paulo, set., 1924.

formas, dos temas, do pensamento e dos modos de ação hauridos pelos rebeldes de 22 nas fontes da revolução estética de que foram coetâneos, não esqueçam de referir certos pontos essenciais, cuja omissão prejudicará qualquer juízo de valor acerca do que se produziu no período a que nos referimos. Assim, por exemplo, o pecado de abstração comumente praticado nesse assunto tem consistido em destacar-se a presença dos *ismos* estrangeiros, sem que se diga porém o que deles fizeram os nossos escritores modernistas. Omite-se, em conseqüência, um dado fundamental: a *prática* desses escritores arregimentados, que também formavam uma vanguarda, com o estilo de ação e de criação que caracterizou a época.

Será preciso não esquecer igualmente o quanto variou a atitude receptiva dos principais chefes do nosso movimento às mensagens teóricas e ao estímulos estéticos procedentes das metrópoles européias. Numa visão global da vanguarda de 22, pode-se dizer que o grau de receptividade e de resposta a esses estímulos e mensagens esteve condicionado aos diferentes momentos da dialética interna do Modernismo, segundo a ordem de seus problemas estéticos, sociais e políticos.

O mais tenso de tais momentos, no qual as relações com as vanguardas européias se tornaram complexas, foi o *antropofagismo* [3].

A ele Heitor Martins dedicou um longo ensaio, *Canibais Europeus e Antropófagos Brasileiros* (Introdução ao estudo das origens da Antropofagia) [4], em

---

3. HAROLDO DE CAMPOS, "Uma poética da radicalidade", *Poesia de Oswald de Andrade*, São Paulo, Difusão Européia do Livro, p. 50.
4. HEITOR MARTINS, Canibais Europeus e Antropófagos Brasileiros (Introdução ao estudo das origens da antropofagia), I e II, *Minas Gerais*, Suplemento Literário, Belo Horizonte, 9 e 16 de nov. de 1968.

que procurou identificar, no terreno movediço dessas vanguardas, os veios literários daquela invenção oswaldiana.

Estamos de acordo com Heitor Martins quanto à identidade dos veios principais da *antropofagia,* que são o Futurismo, o Dadaísmo e o Surrealismo. Seguimos também o esforçado ensaísta em sua tentativa de recompor a carreira ou a correria parisiense de Oswald de Andrade, ao encalço das personalidades e das obras literárias do momento [5]. Vemos o futuro biógrafo de *Serafim Ponte Grande* Au Sans Pareil, diante do balcão de novidades dessa livraria, que editaria *Pau-Brasil* graças aos bons ofícios de Blaise Cendrars. Podemos até imaginar que acaba de vir do ateliê de Tarcila do Amaral, a essa época freqüentado por Fernand Léger, Gleizes, Valéry-Larbaud, Picasso e Cocteau. Estamos em 1923, um ano "de grandes decisões na literatura francesa" [6]. Oswald ainda tem por companheiro Maximilien Gauthier, o Max Goth, colaborador dos primeiros números da revista *391* — os da fase espanhola, no período da guerra de 14 — que conhecera desde os tempos da juvenil viagem de 1912 [7].

---

5. As viagens de Oswald a Paris, no período a que se refere Heitor Martins, distribuem-se dos fins de 22 aos fins de 1925. Então, sua mais longa permanência em Paris vai de janeiro de 1923 a dezembro do mesmo ano. Oswald permanece no Brasil durante quase todo o ano de 1924, quando Cendrars nos visita. Só em dezembro de 24 retorna a Paris, onde já Tarsila o esperava. Desta vez são três meses de permanência, pois que volta ao Brasil em março de 25. E já em junho do mesmo ano ei-lo retornando à Europa para aí permanecer até setembro do mesmo ano. Vide ARACY AMARAL, Correspondência inédita, 1 e 2, Numa Bela Época e Oswald em 1925, *Correio da Manhã,* 2 e 3 de abr. de 1968.

6. Quanto à freqüentação do atelier de Tarsila, em Paris, ver SERGIO MILLIET, *Diário Crítico,* São Paulo, Livraria Martins Editores. 9.º vol., 1953-1954.

7. Max Gauthier é citado por Oswald nas suas memórias. Vide *Um Homem sem profissão, Sob as Ordens de Mamãe,* José Olympio Editora, p. 125.

Nosso poeta devia sentir então a enorme diferença entre a Paris de que ele tivera uma rápida impressão turística naqueles idos — entre a Paris que festejava a sagração de Paul Fort, como príncipe dos poetas, e que abria para os cubistas as portas do Salon d'Automne — e a Paris do Dadaísmo, sobre a qual choviam panfletos e revistas, publicações festivas e provocadoras, como *Le Coq, Cannibale, Le Coeur à Barbe, Proverbe, 391* e *Littérature* [8]. Predisposto a simpatizar com todas as rebeliões estéticas e a conhecer todos os programas de revolução artística e literária, Oswald de Andrade terá recebido as vibrações desse clima tenso, que lhe parecia o prolongamento das recentes escaramuças da Semana brasileira. É de supor que Maximilien Gauthier, seu constante companheiro, apresentou-o a Francis Picabia, autor de *Pensées sans langage,* de *Le Christ Rastaquoère* e do *Manifeste Cannibale*[9]. Cada encontro, nessa trajetória intelectual por entre idéias, personalidades e obras, pode ter sido, para a receptividade atmosférica de Oswald, uma fonte estimuladora poderosa. Com a sua impaciência teórica, com a sua particular avidez do novo e da novidade, ele foi, dos nossos modernistas, aquele que mais intimamente comungou do espírito inquieto das vanguardas européias.

Desse ponto de vista, que interessa à história literária, Oswald trouxe, para o nosso Modernismo, então em andamento, uma *experiência por participação* — de todo diferente da experiência de Mário de Andrade — no

---

8. *Cannibale,* com dois números, é de 1920. Também de 1920: *Le Coq* (4 n.º), *Proverbe* (6 n.º) de 1921: *Le Coeur à Barbe* (1 n.º). A *391,* de Picabia, começou a ser publicada em Barcelona (1916), continuou em Nova York e, com interrupções, em Paris, até 1924.

9. *Pensées sans langage* (1919), Jésus-Christ Rastaquouère (1920) *Manifeste Cannibale* (*Dadaphone,* n. 7, Paris, mars 1920).

clima de atrito e desafio, na atmosfera de rebeldia e de renovação criados conjuntamente pelos manifestos futuristas, pelos ecos da teorização cubista e pelas expressões circunstanciais do humor *dada.*

O ano de 1923, véspera do Surrealismo, que viu refluir *dada,* terá sido tão importante para a literatura francesa quanto o foi para Oswald de Andrade e para a marcha de nossa revolução artística e literária. Em 1924, quando Cendrars visitou o Brasil pela primeira vez, Oswald publicaria *Memórias Sentimentais de João Miramar* e lançaria o Manifesto Pau-Brasil, enquanto Mário de Andrade concluía *A Escrava que não é Isaura.* O visitante estrangeiro e os dois poetas brasileiros partiriam depois, na companhia de Tarsila, D. Olivia Guedes Penteado, René Thiollier e Gofredo da Silva Telles, em busca do Aleijadinho e do barroco mineiro.

Oswald entrara em contacto com "a comunidade vanguardista de Paris", principalmente por intermédio de Blaise Cendrars, que sobre ele exerceu duradoura influência. Por que não poderá ter caído sob o olhar do viajante literário, entre velhos exemplares das revistas *Nord-Sud* (1917), de *Sic* (1916) ou de recentes números de *Littérature* e de *391,* misturados a volumes de Apollinaire, de Max Jacob, de Reverdy e de André Breton, o Manifeste Cannibale, de Picabia? Com a vaga do exotismo etnográfico, que invadia museus, ateliês e lojas de curiosidades, o canibal, que não assustara o humanismo de Montaigne, e que havia passado ao *Dicionário Filosófico de Voltaire,* antes de se tornar um quase herbívoro no *Discours sur l'origine et les fondements de l'innégalité,* era então menos e mais do que um tema. Amostra de uma sociedade outra, de um outro homem que ainda nos assombra, e que a ciência antropológica se esforçou então por relegar aos noturnos desvãos da mentalidade pré-lógica, essencialmente mágica, o canibal foi também uma dessas imagens fortes, de forte prestígio onírico, favoráveis à condensação de impulsos agressivos, silhuetados de encontro à má-consciência burguesa, da qual Nietzsche já falara, antes que Freud houvesse estabelecido a filogênese da consciência. Abriu-se, de Nietzsche a Freud, o caminho que fez do canibalismo o signo de um síndrome ancestral, ou, para usarmos a linguagem de Oswald, uma semáfora da condição humana, fincada no delicado intercruzamento da Natureza com a Cultura.

Não nos admiremos pois, que Oswald tenha pescado nas águas não-territoriais desse *mare nostrum* da época. Nossa discordância com Heitor Martins começa justamente quando o ensaísta de *Canibais Europeus e Antropófagos Brasileiros* transforma essa pescaria num pecado, e diminui, em razão dela, até à total liquidação de sua originalidade, o conteúdo específico das formulações antropofagísticas de Oswald de Andrade. Aceitamos os fatos principais do roteiro intelectual oswaldiano e discordamos da interpretação segundo a qual a *antropofagia* de 1928 se reduz às matrizes do *canibalismo* europeu (modelo culinário-erótico das novelas de Marinetti e modelo agressivo antiburguês do Manifesto Canibal de Picabia), e que, portanto, Oswald de Andrade se afirmaria apenas como divulgador de "certos experimentalismos europeus", quanto à função de sua obra no processo do movimento modernista.

Esconjurando previamente as sugestões homicidas do tema antropofágico, procuraremos, num espírito de diálogo, tão vegetariano quanto universitário, explicar por que não nos parece que o antropófago brasileiro tenha copiado os canibais europeus com os quais confraternizou, no ciclo das relações do nosso Modernismo com as correntes de vanguarda das duas primeiras décadas do século XX.

## II

Precedendo a antropofagia oswaldiana, cujo manifesto data de 1928, há toda uma temática do canibalismo na literatura européia da década de 20. Essa temática, associada a motivações psicológicas e sociais, exteriorizou-se por certas metáforas e imagens violentas, usadas, como meio de agressão verbal, pela retórica de choque do Futurismo e do Dadaísmo. Em *Il Negro,* de Marinetti, um repasto antropofágico completa o erotismo desenfreado do personagem [10]. Edita-se a revista *Cannibale*. Picabia assina manifesto de igual nome, que se publicou em *Dadaphone*.

Tais antecedentes, se bem entendemos o pensamento de Heitor Martins, não somente constituem elementos do contexto ideológico onde o antropofagismo nacional pode ser situado, mas explicam, mecanicamente, a matéria, a forma e o sentido da construção oswaldiana. Dir-se-ia que o procedimento metodológico que leva o ensaísta a essa conclusão obedece a uma sumária aplicação do princípio de causalidade. Dados os antecedentes $a$ e $b$ de $C$ (a "antropofagia" oswaldiana), $C$ é o efeito análogo de que $a$ e $b$ são as causas necessárias, portanto originais, não cabendo a $C$, que delas resulta, senão a categoria de reflexo ou decalque.

10. HEITOR MARTINS, Canibais Europeus e Antropófagos Brasileiros (Introdução ao estudo das origens da antropofagia), *Minas Gerais,* Suplemento Literário, 9 de novembro de 1968, pp. 1/3.

Esse método de explicação causalista pelos antecedentes, em história da literatura, é bastante traiçoeiro: aparenta levar-nos muito longe, mas a nenhuma parte conduz. Conceber-se os antecedentes como possíveis ou prováveis forças a que esteve mentalmente sujeito determinado autor — forças externas também chamadas *influências,* sem a ação das quais não teria ele produzido o que produziu, é idéia acertada, desde que nos apressemos a esclarecer que as influências, quando profícuas, equivalem a um sistema de confluências, dentro do processo intercomunicativo que se chama história da literatura. E foi esse o sistema que prevaleceu entre os canibais europeus.

Como bem percebeu Heitor Martins, a imagem do canibal estava no ar. Por isso, quem se aventura a estabelecer os antecedentes literários privilegiados que ela teve, será obrigado a recuar de autor a autor, indefinidamente. Essa imagem, que a nenhum autor pertenceu, fez parte de repertório comum a todos, e a todos serviu, de acordo com as intenções específicas de cada qual. Mas, para tirar a prova disso, pratiquemos o recuo que nos levaria aos antecedentes causais primeiros. Já começa a dificuldade no ponto de partida. De onde partiremos? De Cendrars? Seja. De qual porém dos Cendrars? Do que se interessou pelos *faits divers* do canibalismo em em ação no *Congo* [11], ou do autor de *Anthologie Négre* [12], onde o canibalismo aparece fundido à substância mítica dos contos africanos? Mas Cendrars leva-nos a Apollinaire:

---

11. Heitor Martins, *idem.*
12. Blaise Cendrars, *Anthologie Nègre* (nouvelle édition), Au Sans Pareil, 1927. Ver sobretudo *Histoire de l'oiseau qui fait du lait* e *Kommapa et Litaolané* (le grand cannibale).

> Madame Salmajour avait appris en Océanie à tirer
> les cartes
> C'est là-bas qu'elle avait eu l'occasion de participer
> *à une scène savoureuse d'anthropophagie*
> Elle n'en parlait pas à tout le monde [13].

Como Madame Salmajour, vemos outro personagem, de um conto de Apollinaire, *Cox-City,* regalar-se com tenros nacos de carne feminina. Mas seria errôneo ver nisso um antecedente da manducação erótica de *Il Negro,* de Marinetti, que é de 1922, da mesma forma que não podemos explicar este último pela metáfora da deglutição como posse completa, largamente consumida entre 1917 e 1919.

"É mais certo possuir alguém pelo coração ou pelo estômago?", perguntava Ribemont-Dessaignes, que igualmente descreveu, em termos antropofágicos, os incidentes de um Salon d'Automne [14].

Irônico-pitoresco em Apollinaire, instintivo e narcisista em Marinetti, etnográfico em Cendrars, a *antropofagia* integra o vocabulário da agressão dadaísta, como hipérbole gestual. Não percamos de vista, ainda, nos escritos da época, o recurso a termos de fisiologia, sobretudo a digestiva, para exprimir o conhecimento ou a experiência artística. É ainda Ribemont-Dessaignes quem escreve:

> Ainsi le mangé connait par l'intérieur — ce n'est pas ici le tube digestif — la substance du mangeur [15*].

---

13. APOLLINAIRE, *Calligrammes* (Sur les prophéties).
14. "Il est averé desormais que le plus pur moyen de témoigner de l'amour à son prochain est bien de le manger..." *Civilisation*, in *391*, n. 3, 1917, Barcelona — "Au cours de la scène anthropophagique qui se déroula ao Grand Palais..., in *391*, 16 décembre, 1919, Paris.
15. GEORGES RIBEMONT, *Dessaignes, Civilisation,* cit.

Um Cocteau também não escapa à ascendência da terminologia digestiva, que se harmoniza com a culinária intelectual canibalística.

Notre esprit digère bien. L'objet profondement assimilé se mue en force et provoque un réalisme supérieur à la simples copie infidèle, **

escreveu o autor de *Parade,* que muito mais tarde, em *La dificulté d'être,* falaria da voracidade e do vampirismo da Natureza e da Arte [16].

A fortuna da terminologia digestiva, cruzando-se com a antropofágica, já vigorava, desde 1917, nas proclamações anti-estéticas de *dada*:

Tous ceux qui regardent et qui comprennent se rangent aisement entre la poésie et l'amour, entre le beafteck et la peinture. *Ils seront digérés, ils seront digérés* [17]***.

E ainda podemos ir mais longe, ainda podemos recuar, nessa busca dos antecedentes, até ao repositório da sabedoria *patafísica,* que são os Almanaques do Père Ubu, um dos quais registra guloseimas para os *amateurs anthropophages* [18].

De recuo em recuo, tudo se embaralha e se confunde. Onde, pois, devemos parar? Provavelmente em Sade, se não for em Charles Perrault...

A imagem do canibal, nos limites da época que nos interessa, dependia de uma fonte mais ampla e profunda,

---

16. COCTEAU, *Le Coq et l'Arlequin,* Paris, Ed. Stock, 1948, p. 39.
17. TRISTAN TZARA, *Sept Manifestes Dada, Lampisteries,* Paris, Jean-Jacques Pauvert, 1963, pp. 45/46.
18. JARRY, *Almanach du Père Ubu, Tout Ubu,* Le Livre de Poche, p. 409.

de cujas águas muita gente bebeu. Era apenas a mais ostensiva e gritante, mas não a única daí emanando. O pano de fundo de encontro ao qual ela aparece e transparece na literatura de vanguarda das primeiras décadas do século, é a enorme tela colorida do primitivismo, que a ação conjunta da arqueologia e da etnologia modernas — uma trazendo as revelações da arte pré-histórica, outra o impacto da arte africana — desdobrou sobre o racionalismo da cultura européia.

A imagem antropofágica, que estava no ar, pertencia ao mesmo conjunto, ao mesmo sistema de idéias, ao mesmo repertório comum, que resultou da primitividade descoberta e valorizada, e a que se integravam, igualmente, na ordem dos conceitos, a mentalidade mágica, de Levy-Bruhl e o inconsciente freudiano. É muito significativo que então a vanguarda literária, em boa parte sob a influência de Nietzsche, pensador que marcou a formação intelectual de Oswald de Andrade, e para quem a consciência do homem sem ressentimento equivalia à *capacidade fisiológica de bem digerir* — se tivesse apossado do canibal, dele fazendo um símbolo, no mesmo momento em que a Psicanálise começaria a desnudar, no homem normal, civilizado, comportamentos neuróticos, que podem gravitar em torno da mesma simbologia da interdição, presente nos atos de antropofagia ritual.

*Totem e Tabu,* que sai em 1912, associa o parricídio ao canibalismo, na transição hipotética da horda ao clã. São inúmeras, nesse período, as descrições e hipóteses explicativas que as diversas formas de antropofagia ritual, do endocanibalismo aos sacrifícios humanos de caráter expiatório, vão suscitar. Na bibliografia sobre o assunto, vêm somar-se aos relatos de viajantes e à coleta de material etnográfico, tratados e monografias do ponto de vista psicológico e médico [19].

A fonte da "antropofagia literária" manava pois desse território da primitividade, que recama todos os territórios geográfico-políticos, e com o qual a civilização técnica vinha de encontrar-se. O encontro, de conseqüências profundas e duradouras, e que colocou a Etnologia num dos focos do pensamento contemporâneo, verificou-se no momento em que a reflexão filosófica tentava, sob o empenho das correntes vitalistas, racionalizar o irracional. Começava, então, esse diálogo, que até hoje continua, entre *o pensamento lógico e o "pensamento selvagem"*, a cujo desenvolvimento se deve, em parte, a tremenda auto-análise do homem contemporâneo, que se dilacera a si mesmo, dilacerando os seus mitos.

Por que não admitirmos que Oswald de Andrade pudesse se aproximar dessa fonte de que todos bebiam, e retirar, com igual direito, o seu quinhão, que assentaria o compromisso do Modernismo brasileiro com uma propriedade comum da época moderna? Fixou-se, em torno dos signos da primitividade, que jorravam do manancial descoberto, o ponto de convergência de nossa vanguarda modernista com as vanguardas européias. Queremos dizer que tais signos, enquanto elementos vivos daquela parte da cultura brasileira, qualificada de "bárbara" por Graça Aranha, cumpriram função mediadora, ligando o sentimento nativo, intensificado em 22, à valorização, levada a efeito pelos movimentos europeus, do Futurismo ao Surrealismo, dos componentes mágicos, instintivos e irracionais da existência humana.

19. Ver a bibliografia estabelecida por Roland Villeneuve em Histoire du Cannibalisme, Le Livre Club du Libraire. Desta obra convém destacar o capítulo "Cannibalisme et Littérature."

Para avaliarmos o aproveitamento que Oswald de Andrade fez disso tudo, é preciso, portanto, que o situemos, a ele e à sua obra, perante o sentido que a vida primitiva e a primitividade em geral alcançaram nas experiências vanguardistas da época.

O segundo ponto de referência, que semelhante avaliação exige, é a própria obra de Oswald de Andrade, da qual fazem parte os dois Manifestos, o *Pau-Brasil,* de 1924 e o *Antropófago,* de 1928, insubstituíveis peças de convicção no levantamento das idéias oswaldianas e na própria dialética do Modernismo. Finalmente, como terceiro ponto de referência, temos o Modernismo mesmo, que contrabalançou, na sua fase militante, com o anteparo do espírito crítico, a natural receptividade ao espírito das vanguardas européias, que o caracterizou. É o que veremos em seguida.

III

A vanguarda intelectual do Modernismo brasileiro, sobretudo na fase heróica e militante desse movimento, nunca perdeu contacto com as correntes vanguardistas européias do primeiro quarto do século XX. Foi um contacto ativo, que se produziu, em diferentes níveis, de acordo com intenções diversas. Ora à distância, pela recepção de mensagens teóricas vindas dos arraiais futuristas, expressionistas, cubistas, dadaístas e surrealistas, ou pela leitura das obras representativas de tais correntes, ora mediante participação direta no clima intelectual europeu, Mário e Oswald de Andrade jamais deixaram de acompanhar a marcha da revolução artística mundial. Fizeram-no, entretanto, utilizando a combinação, ausente do epigonismo e da subserviência eufórica dos seguidores da moda, da receptividade generosa e do senso crítico que rejeita, seleciona e assimila.

O mapa da poesia moderna, que é *A Escrava que não é Isaura,* inspira-se nessa combinação. Paraíso poético, onde aparecem, conciliados, seguidores de tendências diferentes e opostas, *A Escrava...* pode ser também o paraíso do historiador da literatura interessado em identificar as preferências, os pactos, os amores, as "relações perigosas" que alimentaram a flama de nossa revolução literária. Nesse catálogo de exemplares poéticos e de conceitos compreensivos do novo lirismo, encontram-se reunidos, num ágape enciclopédico-literário, de caráter internacionalista, poetas como André Salmon e Cocteau, Cendrars, Marinetti, Max Jacob, Folgori, Govani, Huidobro, Ivan Goll, Hans Becher, Palazzeschi, Baudouin, Amy Lowell, Vidrac, Picabia, Tzara, Paul Morand, Drieu de la Rochelle, Aragon e Soupault. Figuram, ao lado desses, os críticos da época, Paul Dermée, Thibaudet, Epstein, nos quais Mário de Andrade foi buscar os conceitos teóricos, sociológicos uns, psicológicos outros, de que necessitava para interpretar a origem e o alcance da linguagem lírica dos tempos modernos.

Mas não exulte o historiador da literatura com a descoberta de influências assim tão a descoberto, tão obstinadamente reveladas pelo próprio autor. Mário de Andrade corrige e escolhe o que recebe. Reage contra as seduções da moda, desconfiando da qualidade da mercadoria parisiense importada. Assim é que, citando Paul Dermée, que definiu a poesia como soma do lirismo e da arte, acrescenta à definição do colaborador de *Nord-Sud,* dois outros elementos, a inteligência **crítica,** que decanta a experiência subjetiva, e o circuito da palavra, "solta, fecundante", que garante à expressão o seu poder comunicativo [20]. Irônico diante da versatilidade poética de Cocteau, Mário de Andrade sorri, de longe, como receio de ferir o que muito venera, das atrações que a grande feira literária de Paris oferece:

> Não se importará Paris que eu lhe envie de minha imóvel São Paulo um sorriso meio irônico... Portanto, coloque-se nesse lugar um sorriso meio irônico dirigido à cidade de Paris.

*A Escrava que não é Isaura,* continuação do "Prefácio Interessantíssimo", de *Paulicéia Desvairada* (1922), ilustra bem, independentemente do valor que possamos atribuir ao polifonismo ou harmonismo com que Mário de Andrade recobriu o realismo psicológico de sua poesia, o sentido ativo das relações de nossa vanguarda modernista com a européia. Embora sob o peso da fama de certos nomes, embora recorrendo às fontes autorizadas do momento — as poéticas de Apollinaire, de Max Jacob, e de Cendrars, a crítica de *Nord-Sud,* de *Sic* ou de *L'Esprit Nouveau,* — Mário de Andrade soube utilizar os reflexos recebidos como matéria de reflexão, que a reflexão assimilou e transformou [21].

É bem verdade que o historiador de literatura, já com a vantagem da distância temporal que lhe permite

---

20. Paul Dermée: Lirismo + Arte = Poesia. "Quem conhece os estudos de Dermée sabe que no fundo ele tem razão. Mas errou a fórmula..." — MÁRIO DE ANDRADE, *A Escrava...*, Livraria Martins Editora, p. 205.
21. "Sei que dizem de mim que imito Cocteau, e Papini. Será já um mérito ligar esses dois homens diferentíssimos como grácil lagoa de impetuoso mar. É verdade que movo com eles as mesmas águas da modernidade. Isso não é imitar: é seguir o espírito de uma época." — MÁRIO DE ANDRADE, *Cartas a Manuel Bandeira*, Edição de Ouro, p.124.

uma visão de conjunto dos movimentos por meio dos quais a *modernidade literária* se manifestou, acabará reconhecendo o quanto é inadequado e insuficiente o conceito de *reflexo* para explicar o aparecimento, quase que simultâneo, na produção literária do primeiro quarto de século, de formas, processos e valores comuns, que se reduzem aos seguintes aspectos de uma só problemática: a procura de uma nova linguagem, o ajustamento da expressão à sensibilidade da época, a crítica da literatura pela literatura, a revolta contra o realismo do século XIX, o uso consciente da literatura como instrumento de revolta social, a defesa de um estatuto específico da linguagem poética, o advento de um novo sentido da mimese que se exprime como impossibilidade de copiar uma realidade múltipla, fugidia e mutável. Futurismo, Cubismo, Dadaísmo, Surrealismo, como ondulações da impetuosa maré montante da modernidade, produziram a inquietude estética de que surge, por um movimento reflexivo de autofundação, a literatura contemporânea.

O espírito de vanguarda, no período a que nos referimos, é impulsivo e incoerente. À retórica turbilhonante da vida moderna, trazida pelos futuristas, opõe-se a negação cética de todo valor artístico e literário pelo Dadaísmo. O recuo pirrônico de uma tendência corrige o progressismo impiedoso da outra. Alternam-se os ritmos da destruição e da construção; o senso do futuro modifica o entendimento do passado. Faz-se apelo até mesmo a um passado trans-histórico, que confina com o futuro utópico, como aquele passado pré-cabralino a que, paradoxalmente, a "antropofagia" oswaldiana, em 1928, antepõe e pospõe ao presente, e no qual o tempo sem memória de um mito mergulha no tempo esperançoso de uma utopia a realizar. Não nos admiremos, portanto, que o espírito de vanguarda, atento para as realidades atuais e para as realidades possíveis, invertesse o seu prospectivismo e fosse levado a interpretar-se, enquanto atividade fundadora, como um novo primitivismo. Somos os primitivos de uma futura perfeição, afirmava Mário [22].

Assumem esse novo primitivismo a visão pura do Cubismo, a *imagination sans fil* do futurismo — que condizia com a idéia do selvagismo técnico ou da barbárie tecnizada de Keyserling [23] — a agressividade dadaísta e a livre associação programática do Surrealismo, que aproveitou conscientemente a exploração freudiana do inconsciente. Nosso primitivismo modernista, que corresponde a essas tendências das vanguardas européias, não reedita nenhuma de suas espécies. Compreende-as a todas, compreendendo as dimensões popular, etnográfica e folclórica da primitividade brasileira. Nessas condições, uma vez que a sensibilidade moderna se encurvava na direção do arcaico, entre nós existindo em estado de cultura ativa, a descoberta da primitividade situava-nos no mesmo território comum e suprageográfico, onde a fusão do originário com o novo situava os próprios rebeldes europeus.

Foi através da óptica do primitivismo assim compreendido, que Oswald de Andrade interpretou e assimilou à sua própria obra as conquistas formais, as ousadias teóricas e o estilo de ação prática da literatura e da arte novas, que se acumulavam, às vésperas do advento do Surrealismo, na ambiência intelectual da Paris agitada

---

22. No *Prefácio Interessantíssimo* já dissera: "Somos na realidade os primitivos de uma nova era."

23. O bárbaro tecnizado de Keyserling é referência fundamental do Manifseto Antropófago.

pelos últimos fogos cruzados das pequenas e irreverentes revistas adversas, a que ligaram seus nomes Cocteau e Radiguet, Picabia, Eluard e Tzara.

Mário de Andrade acompanhava de São Paulo, lendo e anotando, os ecos dessa batalha campal, de que Oswald de Andrade assistia o coroamento, que foi o solene *Te-deum* surrealista celebrado pelo profeta Breton. Foram eles, Mário e Oswald, duas formas, dois estilos de participação dos nossos modernistas nas fontes européias: o primeiro tão-somente pela viagem meditativa através dos textos, que se completou por duas outras viagens pelo Brasil, a Minas e ao Norte; o segundo, mais por impregnação atmosférica, por essa captação intuitiva que se faz através da convivência com pessoas e coisas. Tanto um como outro, e cada qual dentro de seu irredutível modo de ser, concentrado em Mário, dispersivo em Oswald — tanto um como outro, naturezas opostas e complementares, que se completaram no empreendimento de 22, assumiram, diante do movimento europeu, a atitude de dialogação, que implica em receptividade crítica. Mas convergindo, por via do "estilo de vida social internacional"[24], que então começava, na direção das vanguardas do Velho Mundo, eles foram ao encontro das alas distantes de um mesmo movimento, geograficamente repartido, que os fios tensos de uma só problemática uniam.

Para Oswald de Andrade sobretudo, era o primitivismo que nos capacitaria a encontrar nas descobertas e formulações artísticas do estrangeiro aquele misto de ingenuidade e de pureza, de rebeldia instintiva e de elaboração mítica, que formavam o depósito psicológico e

24. A expressão é de Mário de Andrade em *O Empalhador de Passarinhos* (Literatura Nacional).

ético da cultura brasileira. Na famosa conferência que pronunciou na Sorbonne, tão destoante do espírito rebelde de 22 quanto benévola e conciliatória, Oswald de Andrade, que parecia ter esquecido o rompimento, então recente, do qual ele fora um dos promotores, não esquece de assinalar o parentesco que ligava, pelos laços da valorização da herança ancestral e primitiva, as novas inclinações da literatura brasileira com o impulso renovador que a arte negra havia transmitido à arte européia.

Nunca, [diz Oswald], se pôde sentir tão bem, na ambiência de Paris, o encontro sugestivo do tambor negro e do canto indígena. Essas forças étnicas estão em plena modernidade [25].

A conferência de Oswald valia como ato público declaratório das afinidades profundas que existiam, pelo lado da vivência direta das forças primitivas da nossa cultura, entre o Modernismo brasileiro e o Modernismo europeu. Muito daquilo que os nossos poetas vão retirar do movimentado campo das vanguardas parisienses está impregnado por um espírito que também nos pertence, e que continha possibilidades de expressão latentes em nossa herança cultural.

As terríveis ousadias de um Picasso, um Brancusi, um Max Jacob, um Tristan Tzara, eram no fundo, mais coerentes com a nossa herança cultural do que com a deles. O hábito em que estávamos do fetichismo negro, dos calungas, dos ex-votos, da poesia folclórica nos predispunha a aceitar e a assimilar processos artísticos que na Europa representavam ruptura profunda com o meio social e as tradições espirituais [26].

25. OSWALD DE ANDRADE, L'effort intellectuel du Brésil contemporain, *Revue de l'Amérique Latine*, 1-7-1923, pp. 197/207.

26. ANTÔNIO CÂNDIDO, *Literatura e Sociedade*, São Paulo, Editora Nacional, p. 145.

Parece-nos, pois, que o estudo das influências no Modernismo brasileiro não pode ser orientado segundo uma perspectiva unilateral, que atribua ao nosso movimento a posição de receptor passivo de empréstimos de fora. Quando os receptores também são agentes, quando a obra que realizam atesta um índice de originalidade irredutível, é que o empréstimo gerou uma relação bilateral mais profunda, por obra da qual o devedor também se torna credor. A tese da congenialidade do Modernismo brasileiro, defendida por Antônio Cândido, atende a essa perspectiva bilateral que devemos usar como princípio metodológico.

Os nossos modernistas, ensina a esse propósito Antônio Cândido, se informaram pois rapidamente da arte européia de vanguarda, aprenderam a psicanálise e plasmaram um tipo ao mesmo tempo local e universal de expressão, reencontrando a influência européia por um mergulho no detalhe brasileiro. É impressionante a *concordância* com que um Apollinaire e um Cocteau ressurgem, por exemplo, em Oswald de Andrade [27].

Ninguém mais do que Oswald de Andrade acentuou, e às vezes até exageradamente, as íntimas relações entre a atividade do grupo de 22 e as correntes renovadoras da época [28]. Ter-se-ia repetido em 22, no plano literário e artístico, o que se deu em 1789 no político-ideológico:

27. ANTÔNIO CÂNDIDO, *idem*.
28. "Trouxe para cá essa inquietação, essa vontade de renovação que grassava intensamente na Europa e procurei atrair os intelectuais não empedernidos nas ovelhas correntes estéticas para um movimento sério que nos conduzisse a novos rumos. Devo dizer mais que, embora intimamente ligado ao pensamento francês dominante (Cocteau, Cendrars, Valéry-Larbaud, Jules Romains), instalamos aqui uma revolução estética que se pode chamar de colateral do movimento francês, porquanto teve seus rumos originais" — Oswald fala à posteridade, *Quincas Borba*, n.º 5, São Paulo.

o mesmo contacto subversivo com a Europa se estabeleceu para dar força e direção aos anseios subjetivos nacionais, autorizados agora pela primeira indústria, como o outro o fora pela primeira mineração [29].

No que diz respeito à sua própria obra, Oswald não esconde com que autores sintonizava e para onde iam as suas preferências. Abra-se *João Miramar*: Machado Penumbra, que fala nas sugestões do Salon d'Automne, confessa-se adepto da estética do Cubismo. Leia-se a dedicatória de *Pau-Brasil* a Blaise Cendrars, reconhecimento do débito que o autor contraíra com o "pirata do Lago Leman".

Na óptica do primitivismo, — do primitivismo que foi "o nosso único achado de 22" [30] — e que é a linha de coerência intelectual de Oswald de Andrade — o Manifesto Pau-Brasil e o Manifesto Antropófago fundem e assimilam os estímulos que ele recebeu da atmosfera intelectual parisiense. Tanto o primeiro como o segundo desses documentos exprimem a consciência de uma assimilação produtiva das contribuições do estrangeiro, que Gonçalves Dias e José de Alencar foram os primeiros a praticar. Oswald concebe essa consciência à maneira de um princípio ativo de nossa vida intelectual, que deveria vigorar tanto no aproveitamento literário dos aspectos "bárbaros" da cultura brasileira, quanto na absorção poética dos aspectos ultracivilizados do mundo técnico-industrial.

É no Manifesto Antropófago que se percebe porém que o princípio da assimilação, teoricamente formulado,

---

29. OSWALD DE ANDRADE, "O Caminho Percorrido", in *Ponta de Lança*, São Paulo, Livraria Martins Editora, p. 118.
30. OSWALD DE ANDRADE, *idem*.

se integrou, tanto quanto o primitivismo, à dialética do movimento modernista.

IV

Não são das vertentes dadaístas que saem as águas nutrizes dos principais conceitos estéticos empregados no Manifesto Pau-Brasil. Dir-se-ia até mesmo que Oswald de Andrade se voltava, nesse momento, para as alas mais conservadoras da vanguarda européia que já constituíam uma espécie de sedimentação histórica do *moderno*. Salvo Cendrars, que é expressamente mencionado, os demais contribuintes a esse Manifesto só aparecem, ao contrário do que se passa em *A Escrava que não é Isaura,* de Mário de Andrade, por trás de certos conceitos, então largamente difundidos.

Blaise Cendrars, com quem Oswald de Andrade privou no período que vai de 23 a 25, aparece no Manifesto Pau-Brasil autenticando a experiência de síntese, na literatura nacional, por parte dos revolucionários de 22, do primitivo e do moderno, aspectos contrastantes da cultura nacional [31]. O *primitivo* era a imprevisibilidade, o irracional, que "ao menor descuido vos fará partir na direção oposta ao vosso destino"; o *moderno,* a previsão que ordena, a razão que organiza, a "prática culta da vida", cujo regime a civilização técnico-industrial impunha.

Engenheiros em vez de jurisconsultos perdidos na genealogia das idéias [32].

---

31. "Uma sugestão de Blaise Cendrars: Tendes as locomotivas cheias, ides partir. Um negro gira a manivela do desvio rotativo em que estais. O menor descuido vos fará partir na direção oposta ao vosso destino." — Manifesto Pau-Brasil.
32. Manifesto Pau-Brasil.

Blaise Cendrars insistiria, numa de suas conferências pronunciadas em São Paulo, sobre a afinidade do poeta com o engenheiro, do artista com o técnico [33]. Segundo então afirmara o poeta francês, o estilo novo da poesia, aberto às novas formas da linguagem e da comunicação, sensível ao cartaz e ao anúncio, ao cinema e ao jornal luminoso, não podia prescindir nem da colaboração dos engenheiros nem da análise lingüística. Essas verdades, que já tinham sido proclamadas pelos futuristas, integram a nova escala da sensibilidade contemporânea, de que falava o Manifesto de 1924:

> O reclame produzindo letras maiores que torres. E as novas formas da indústria, da viação, da aviação. Postes. Gasômetro. Rails. Laboratórios e oficinas técnicas. Vozes e tiques de fios e ondas e fulgurações. Estrelas familiarizadas com negativos fotográficos. O correspondente da surpresa física em arte [34].

Substituindo o detalhe naturalista pela síntese, visando ao equilíbrio geômetra e ao acabamento técnico, o trabalho do poeta, ajustado a essa nova escala, sustentava-se, para Oswald de Andrade, na *invenção* e produziria a *surpresa*. A primeira se confunde com a atividade do poeta, que jamais copia uma pretensa realidade natural; a segunda é o efeito que essa atividade produz quando de tudo, do banal e do risível, sabe extrair uma impressão nova. Apollinaire havia falado de uma e de outra em *L'Esprit Nouveau*:

---

33. "... nous qui voulons créer un style nouveau en collaboration avec les ingénieurs" Blause Cendrars, Le poète moderne dans l'ensemble de la vie contemporaine, Aujourd'hui, Poètes (dedié à Paul Prado) in *Oeuvres Complètes,* Quatrième Volume (La perle fièvreuse et autres), Chez Denoël, 1960.

34. Manifesto Pau-Brasil.

C'est par la surprise, par la place importante qu'il fait à la surprise, que l'esprit nouveau se distingue de tous les mouvements artistiques et littéraires qui l'ont précédé [35*].

Cendrars, franco-atirador, que execrava as corvéias impostas pelas capelas e igrejas literárias [36], absorvera um pouco de todas as escolas, inclusive e principalmente do Cubismo, de que Apollinaire se apropriou, tentando unificar, em *Les Peintres Cubistes* [37], numa só formulação, os princípios essenciais da linguagem poética e da linguagem plástica. Oswald, ponta-de-lança do nosso Modernismo, a todas também deveu um pouco — e devendo a Cendrars, deveu a Apollinaire tanto quanto este ao Cubismo, que o autor de Miramar assimilou ao fragmentarismo de sua prosa. O *sentido puro* das coisas e dos materiais, a que o artista, conforme anunciava o Manifesto Pau-Brasil tenderia a voltar, tem a ver com a *pureza* que, para Apollinaire, constituía, ao lado da *verdade* e da *unidade,* a primeira das três virtudes plásticas fundamentais [38].

Os princípios gerais da estética Pau-Brasil descendem mais dos herdeiros espirituais de Apollinaire, que se entrincheiraram nas páginas de *Nord-Sud,* onde apare-

---

35. APOLLINAIRE, *L'Esprit Nouveau et les Poétes,* Paris, Chez Jacque Haumont, 1946.
36. CENDRARS, "La voix du sang", in *Trop c'est trop.*
37. "Les vertues plastiques: la pureté, l'unité et la vérité maintiennent sous leurs pieds la nature terrassée" — APOLLINAIRE, *Les peintres cubistes,* Genève, 1950, p. 7.
38. "Nossa época anuncia a volta ao sentido puro" — Manifesto Pau-Brasil. — Haroldo de Campos mostra, a propósito da prosa de *Miramar,* que Oswald de Andrade procede como pintor cubista, "que junta um olho a uma perna..." — in OSWALD DE ANDRADE, *Trechos Escolhidos,* Rio, Agir Editora, 1967. — Recentemente é Angel Crespo, em trabalho do qual só tivemos conhecimento após a conclusão destes artigos, que insiste nas ligações entre a estética de Oswald e a estética do Cubismo. Vide a esse respeito Introdução Breve a Oswald de Andrade, *Revista da Cultura Brasileña,* Madri, n.º 26, tomo VII, sept., 1968.

ceram artigos teóricos de Pierre Reverdy, Max Jacob, Georges Braque, Paul Dermée (este lido e apreciado por Mário de Andrade), do que da estirpe dadaísta. Enquanto esta denegava validade ao conceito de obra de arte, os colaboradores daquela publicação defendiam uma estética "feita de concentração, de composição e de pureza" [39]. Nesse sentido, a obra de arte, que deveria ser concebida tal como um operário concebe o cachimbo ou o chapéu de sua fabricação, obedeceria ao requisito de "acabamento técnico", exigido por Oswald de Andrade [40].

Não se limitando porém a divulgar essas proposições da vanguarda estética, o Manifesto Pau-Brasil sintetiza-se numa concepção da cultura brasileira, tão esquemática quanto ousada, e que é também uma apologia da forma que à expressão dos fatos dessa cultura devia ser dada. Semelhante projeto era, em parte, decorrência da reflexão de Oswald sobre a sua própria obra. Mas a tese fundamental daquele documento, que é a originalidade nativa, transcende esse projeto individual, para corresponder, através do primitivismo, à contradição, inerente à dialética do Modernismo, entre a cultura intelectual e a cultura no sentido antropológico amplo [41].

39. PAUL DERMÉE, Quand le symbolisme fut mort, *Nord-Sud*, n.º 1, mar. 1917.
40. "O acabamento de carosserie" e "acabamento técnico" são termos do Manifesto Pau-Brasil. O mesmo conceito em Paul Dermée (*Nord-Sud*, art. cit.) e em ALBERT-BIROT: "Un oeuvre d'art doit être composée comme une machine de precision" — *Sic*. n.ºs 8, 9, 10, 1916. — Em Mário de Andrade, igualmente: "A arte é uma máquina de produzir comoções" (*A Escrava que não é Isaura*).
41. Trata-se, para Antônio Cândido, de uma ambigüidade fundamental: "a de sermos um povo latino, de herança cultural européia, mas etnicamente mestiço, situado no trópico, influenciado por culturas primitivas, ameríndias e africanas". "Literatura e Cultura de 1900 a 1945" (Panorama para estrangeiros) in *Literatura e Sociedade*, São Paulo, Editora Nacional.

Para Oswald, a originalidade nativa compreendia os elementos populares e etnográficos da cultura brasileira, outrora marginalizados pelo idealismo doutoresco da *intelligentsia* nacional no século XIX. Mas incluía também "o melhor de nossa tradição lírica", forçosamente romântica — e a inteira tradição lingüística que o uso ideológico da língua portuguesa no Brasil neutralizara [42].

Seria então preciso liberar a originalidade nativa das camadas idealizantes e ideológicas que a recobrem e recalcam, para encontrá-la já, em estado de pureza, nos fatos significativos da vida social e cultural, que constituem a matéria-prima da poesia Pau-Brasil. Essa mesma originalidade deveria impregnar os produtos da civilização técnico-industrial para assimilá-los à paisagem, às condições locais. Depois de intelectualmente *digeridos,* tornar-se-iam também fatos de nossa cultura, esteticamente significativos [43].

O primitivismo de Oswald de Andrade em Pau-Brasil, tende para uma estética do equilíbrio. Ele pretende realizar, na expressão, o mesmo acordo harmonioso que se produziria na realidade, graças a um processo de assimilação espontânea, entre a cultura nativa e a cultura intelectual, entre "a floresta e a escola" [44].

Não se pode dizer que Oswald de Andrade tenha de todo abandonado, no Manifesto Antropófago, essa idéia de assimilação espontânea, com a qual procurou

---

42. "A língua sem arcaísmos, sem erudição. Natural e neológica. A contribuição milionária de todos os erros. Como falamos, Como somos." — Manifesto Pau-Brasil.
43. "Apenas brasileiros de nossa época. O necessário de química, de mecânica, de economia e de balística. *Tudo digerido.*" Do Manifesto Pau-Brasil.
44. "Temos a base dupla e presente — a floresta e a escola" — Do Manifesto Pau-Brasil.

resolver, no Manifesto Pau-Brasil, a contradição entre as duas culturas. Mas o Manifesto Antropófago, que submete a cultura intelectual, descrita no documento anterior, a uma crítica mordaz e destrutiva, reabre a contradição. O pensamento selvagem, sob a forma de inconsciente coletivo, antropofágico, torna-se nele, como fonte de valores metafísicos, éticos, estéticos e políticos, um meio de violenta transparência, à luz do qual sobressaem outras mais profundas contradições, que dependem das estruturas sociais e da origem colonial de nossa história [45].

A idéia de assimilação amplia-se nesse novo contexto, alcançando o sentido de ação vital, de rebeldia espontânea e permanente, que se entronca a uma anti-história e a uma anti-sociedade de que a antropofagia ritual é o símbolo, e cujos antecedentes unem o humanismo crítico de Montaigne à revolução surrealista do imaginário contra a inteligência lógica, do inconsciente contra o poder de censura do superego [46]. Como se vê, o primitivismo tende a tornar-se aqui o instrumento agressivo, a arma crítica impiedosa com que se pretende atingir, de uma só vez, o arcabouço — ético, social, religioso e político, — que resultou do passado colonial da história brasileira.

No "antropofagismo" tudo é contraditório, e tudo é significativo por ser contraditório. Mitifica-se a antropo-

---

45. O Manifesto Antropofágico nivela a influência dos jesuítas (moral catequética) à influência da mentalidade doutoresca de Coimbra. Ambas teriam sido de caráter paternalista dentro da sociedade patriarcal, cuja superestrutura abriga a moral sexual da Cegonha, a autoridade do senhor de escravos, o regime da grande propriedade (por oposição à propriedade coletiva indígena).

46. "Filiação. O contacto com o Brasil caraíba. Où Villegaignon print terre. Montaigne. O homem natural. Rousseau. Da Revolução Francesa ao Romantismo, à Revolução Bolchevista, à Revolução surrealista e ao bárbaro tecnizado de Keyserling. Caminhamos" — Do Manifesto Antropofágico.

fagia, e utiliza-se o mito, que é irracional, tanto para criticar a história do Brasil — para desmistificá-la — quanto para abrir-lhe, com o apelo igualitarista da sociedade natural e primitiva, um horizonte utópico, em que o matriarcado, símbolo da liberdade sexual, substitui o sistema de sublimações do patriarcado rural [47]. Mas essa contraditoriedade, que se mantém em suspenso, é bem a resultante do impasse do Modernismo, em 1928, quando chegara à encruzilhada dos caminhos que o levariam da revolução estética à revolução política e à conseqüente exaustão da fase militante do movimento, em 1930.

Muitas formulações do Manifesto Antropófago têm um sentimento polêmico, dentro do processo intelectual desse movimento. Assim, por exemplo, a esquematização de uma metafísica bárbara é réplica à improvisada metafísica europeizante de Graça Aranha [48]. Por outro lado, culmina nesse Manifesto, por um golpe voluntário de inversão do curso das influências modeladoras de nossa vida intelectual, a consciência da originalidade do primitivismo nativo. Atribuindo-se condição de herdeiro dos instintos ancestrais da espécie, o primitivismo antropofagístico, que se faz remontar ao manancial do imaginário e da vida impulsiva, seria a nascente de todas as revoluções, sem excetuar a surrealista. Vanguarda de todas as vanguardas, o antropofagismo passaria da América à Europa... A herança caraíba reencontrava, assim, o

---

47. Esse horizonte utópico se precisaria nos escritos posteriores de Oswald de Andrade (*A Crise da Filosofia Messiânica, A Marcha das Utopias*) e nas entrevistas dadas pelo autor entre 1950 e 1954.

48. GRAÇA ARANHA, *A Estética da Vida,* Livraria Garnier, 1921. O Manifesto Antropofágico inverte a equação cósmica de Graça Aranha: "Morte e vida das hipóteses. Da equação eu parte do Kosmos ao axioma Kosmos parte do eu."

mundo civilizado e devia fertilizá-lo. Nosso Modernismo, cronologicamente atrasado, era um começo, uma origem [49].

A imagem oswaldiana do antropófago e o conceito respectivo de assimilação subordinam-se, portanto, a uma forma de concepção que os vários canibalismos literários da época reunidos não podem preencher. Há muita riqueza nessa loucura sem método...

Longe de nós a intenção de negar que o canibalismo *dada* e seus derivados não tenham ingressado todos pela porta larga da receptividade de Oswald de Andrade. Mas há uma distância enorme quer na forma, quer no conjunto de suas idéias, entre o Manifesto Antropófago e o Manifesto Canibal de Picabia [50]. Longe de nós, também, o propósito de negar que o estilo de ação verbal dos antropófagos brasileiros, na segunda fase da *Revista de Antropofagia,* não tenha tido afinidades com o estilo de agressão dadaísta e com a rebeldia surrealista.

Defendemos, isto sim, o caráter específico da "antropofagia" oswaldiana, como ensaio de crítica virulenta, que atinge, ao mesmo tempo, visando à desmitificação da história escrita, à sociedade patriarcal e à cultura intelectual a que esta deu nascimento. Inconfundível também, o antropofagismo, que antecipou intuitivamente,

---

49. "Queremos a revlução Caraíba. Maior que a Revolução Francesa. A unificação de todas as revoltas eficazes na direção do homem. Sem nós a Europa não teria sequer a sua pobre declaração dos direitos do homem" — "Já tínhamos o comunismo. Já tínhamos a linguagem surrealista. A idade de Ouro." — Do Manifesto Antropofágico.

50. Como há entre *Memórias Sentimentais de João Miramar* e *Jesus Christ Restaquouère,* de Picabia. Nas duas obras existem entrechos de prosa e pequenos poemas intercalados, o que poderia induzir-nos a concluir de seu parentesco por uma falsa analogia. Elas diferem tanto na forma quanto nas intenções, na ordem dos problemas, no processo de concepção.

em muitos pontos, a matéria conceptual de *Casa-Grande e Senzala,* de Gilberto Freyre, foi o momento final da dialética do nosso Modernismo, enquanto movimento arregimentado.

Há coerência na loucura antropofágica — e sentido no não-senso de Oswald de Andrade.

## 2. HOMEM DE MUITA FÉ

Numa longa entrevista, em 1947, ao *Diário Carioca,* Oswald de Andrade, como a traçar um novo programa de vida intelectual, dizia que suas leituras, mais filosóficas do que literárias, abrangiam, naquele momento, Platão e Kierkegaard, os "existencialistas alemães", Scheller, Sartre, Simone de Beauvoir, Camus, Lèfebvre, Jaspers e Chestov [1].

Rompidos os laços políticos atados em 30, à época da experiência jornalística de *O Homem do Povo,* sobre a qual sempre pairou o "sarampão antropofágico" que nosso autor repudiaria em 34, Oswald se dispunha, já em 1947, a fazer "uma revisão em tudo". E repensou daí por diante, sob o influxo dos chamados existencialistas, muitos dos quais discutidos nas sessões do Colégio de Vicente Ferreira da Silva, de que ele participou [2], a posição "antropofagística" adotada em 1928, e cujo mosaico doutrinário ficou disperso nas páginas da *Revista de Antropofagia* (2.ª fase).

1. *Diário Carioca,* Rio, Domingo, 12 out., 1947.
2. RENATO CIRELL CZERNA, Bastidores de Filósofos, *Mirante das Artes,* São Paulo, n.º 3.

É a filosofia que agora interessa a Oswald. E interessa-lhe a tal ponto, e de maneira tão absorvente, que o insaciável deglutidor de idéias, para estarrecimento de Antônio Cândido, dá por interrompida a elaboração de *Marco Zero*. Romance, dizia, explicando-se, num malicioso improviso, o pai de Serafim, qualquer um pode fazer. "Agora só quero cuidar da filosofia, que é o mais importante" [3].

Aparentemente tardia e caprichosa, essa atitude filosofante, nova paixão do poeta e romancista, levava-o de volta aos tempos de sua primeira juventude. Muito novo ainda, quisera ele estudar, às custas de padrinho rico, filosofia em Paris [4]. Oswald foi a Paris, mas não chegou à filosofia. Quando voltou, em 1912, dessa primeira viagem à Europa, abriu-se, para ele, no grande vazio da morte de D. Inês, sua mãe, a possibilidade de conflito religioso. Com o sentimento de insegurança existencial que sobreveio, experimentou também o vácuo do catolicismo doméstico, de que D. Inês tinha sido fiadora. Nesse momento, Oswald rebelou-se contra Deus, mas não rompeu com a Igreja Católica. Apegou-se à antiga fé, como a uma tábua de salvação.

Entreguei-me, dizia ele, ao inimigo, aderi vencido à fé de meus pais. Como adere um prisioneiro no fundo de uma masmorra [5].

Foi depois dessa crise que o poeta, tentando recuperar o seu catolicismo abalado, tornou-se fervoroso

---

3. ANTÔNIO CÂNDIDO, "Digressão Sentimental sobre Oswald de Andrade", *Vários Escritores*, São Paulo, Livraria Duas Cidades, 1970, p. 73.
4. OSWALD DE ANDRADE. "Um Homem sem Profissão (Sob as Ordens de Mamãe)", *Memórias e Confissões*, Rio, José Olypio, 1954, p. 138.
5. *Idem*, p. 138.

crente. Ainda no período pré-modernista, recebe, por volta de 1915, lições de M. Sentroul com quem estudou filosofia de Louvain [6].

Monsenhor Charles Sentroul, autor de tese famosa, *Kant e Aristóteles,* comentada numa resenha por Heidegger [7], e que até 1917 lecionou, a convite de D. Miguel Kruise, na Faculdade de Filosofia de São Bento, onde pronunciou a aula magna de instalação [8], preocupou-se em harmonizar, de acordo com a orientação do grupo de Louvain ao qual se filiava, o aristotelismo tomista com a ciência moderna. Mas a posição doutrinária de Oswald de Andrade, certamente católico e provavelmente tomista, está, a julgarmos pelas cartas que escreveu a Teodolindo Castiglione [9], e que datam de 1914, mais próxima do antimodernismo condenatório de Pio X, do que do neotomismo compreensivo de Sentroul, que vinha, como o de Cardeal Mercier, de uma interpretação ampla da *Aeterni Patris,* de Leão XIII.

Podemos aquilatar o alcance do compromisso religioso de Oswald, nessa época, examinando as idéias a respeito do homem, do mundo e da história, por ele esposadas nas cartas a Teodolindo. Católico, apostólico, romano, zeloso e cheio de ardor apologético, rebate o poeta o liberalismo progressista do seu correspondente. Teodolindo apela para o progresso científico e intelectual

---

6. *Ibidem,* p. 139.
7. J. A. MACDOWELL, *A Genese da Ontologia Fundamental de Heidegger* (Ensaio de caracterização do modo de pensar do Sein und Zeit), São Paulo, Herder, 1970, p. 25.
8. FERNANDO ARRUDA CAMPOS, *Tomismo e Neotomismo no Brasil,* São Paulo, Grijalbo, 1968, p. 73.
9. JOSÉ GERALDO NOGUEIRA MOUTINHO, Outra Vertente do Espírito Violento de Oswald de Andrade, *Folha de São Paulo,* 23-10-64, reproduzindo as duas cartas de Oswald a T. Castiglione, datadas de 23 e 28 de setembro de 1914.

da humanidade. Oswald opõe-lhe a verdade absoluta, por ele representada num esquema gráfico, em que se vê, de um lado, e a partir do alto, a ordem sobrenatural, que se irradia no mundo para reintegrar o homem em Deus, mediante o auxílio sacramental da Igreja; e de outro, o que teria sido, talvez, um lapso maniqueísta, a desordem eterna, que começa em Satã e, ligando-se à história, termina às portas do inferno. Divisado do alto da ordem sobrenatural, o destino do homem, contra o qual não prevalecem os progressos, apenas materiais e exteriores, da história, é eterno. Evoca seu interlocutor o caráter fáustico do homem moderno? Deveria saber que Fausto é personagem e não autoridade.

Contesto *in totum* o que se refere ao progresso da humanidade, ilusão em que caiu naturalmente a ciência, por querer sair de sua esfera própria — a observação fenomenal e a afirmação do aperfeiçoamento material.

Igual sempre em toda parte, substancialmente o mesmo, o ser humano não muda e nem mudará. Civilizado, constrói catedrais no século XII; mais civilizado, as destrói no século XX. E assim, citando trechos de Horácio e Luciano (em francês) e Rabelais, Oswald argumenta com as permanentes atitudes morais do homem, que independem da sociedade e da época, para comprovar que há, em nossa espécie, um fundo inalterável, incólume à ação do tempo, e que só fora do tempo pode ser resgatado.

Vou agora lhe dar alguns trechos de autores antigos, perfeitamente demonstrativos de que a essência humana não mudou até hoje, nem os costumes humanos e mesmo o que faz a vida real dos povos e indivíduos.

Não somos hoje mais humanos do que fomos ontem. O progresso material e exterior, de que a ciência é o principal agente, em nada influi sobre o nosso destino espiritual. Oswald vê na História a história de uma continuada distorção, diabólica, a cargo do homem, favorável à desordem, como aumento do mal objetivo, culminando na inversão dos valores, gigantesca e catastrófica, de que a Primeira Grande Guerra constituía exemplar conseqüência. Será preciso chamar os culpados, dentre eles Rousseau, à responsabilidade.

Diz mais o meu ótimo adversário que eu detesto o povo, que erro, e que contrario os princípios de minha religião. Como fórmula, *detesto a canalha,* por necessária reação à inversão de valores assentada no mundo depois dos infamíssimos resultados da obra de Rousseau e de seus infames companheiros. E se reajo contra ela, é cristãmente e catolicamente.

Mas não é a história que vai julgar a sua própria causa, num tribunal hegeliano. As setenças oswaldianas, sem recurso, porvêm da instância suprema, a ordem sobrenatural e divina. São os espíritos eleitos, depositários da verdade, que julgam e condenam. Escolhidos pelo próprio Cristo, os apóstolos foram essa aristocracia do espírito que a Igreja preserva, e da qual, trazendo-nos o Evangelho, o filho de Deus foi modelo inexcedível. Para a aristocracia da verdade assim compreendida, a ordem, reflexo da própria verdade, é valor absoluto. Espiritualmente prolífica, em harmonia com a lei divina, contra ela não podem prevalecer o igualitarismo e o libertarismo dos tempos novos.

Cristo é Deus, antes de tudo, o supremo aristocrata, o Sal do novo sistema vital. "Le Verbe a été fait chair et il a habité parmi nous" (sic.). É S. João quem o diz. E como supremo aristocrata, como o criador da harmonia do mundo, *onde os princípios democratas não entram senão como princípios de de-*

*sordem,* ele não podia de modo algum inverter o seu papel de Verbo feito carne. Foi assim que ele escolheu a sua aristocracia — doze apóstolos apenas, fundando o mais aristocrático dos sistemas — a Igreja Católica Romana.

Antiliberal e aristocratizante, a posição filosófica de Oswald de Andrade, por uma espécie de irônica antecipação, condensa, nesse momento, as sementes da ideologia da ordem [10], que caracterizou a atuação de Jackson de Figueiredo, um dos principais alvos polêmicos do movimento antropofagista, em sua curta fase aguerrida de 1929.

Se a primeira carta a Teodolindo Castiglione faz do catolicismo a ideologia da ordem, já a segunda revela, talvez melhor, a influência do tomismo de Monsenhor Sentroul.

> Insistirá você nos programas da ciência. A humanidade de hoje sabe que morre de uremia e de apendicite, que há a constelação de Hércules e o rádium. Isso, porém, lhe trouxe uma solução nova para o mistério que lhe cerca as origens e o destino?

Nas duas cartas, o mesmo rigor, a mesma rigidez. No entanto, se o catolicismo oswaldiano tinha sido abalado em 1912, é prudente, desconfiar-se da paixão religiosa que assim tão violentamente se manifesta. Parece que a argumentação de Oswald contra Teodolindo é mais uma autojustificação; o apologeta que discorre, argumenta mais contra si mesmo do que contra o adversário.

Já sem o lastro da adesão firme à sua primeira crença, sem o apoio espiritual de D. Inês, Oswald, fora do tranqüilo mundo materno e de seus numes familiares,

---

10. Vide, a respeito, "Estudo sobre o Pensamento Reacionário: Jackson de Figueiredo", de FRANCISCO IGLÉSIAS, in *História e Ideologia,* São Paulo, Editora Perspectiva, 1971, p. 109/158.

precisou de, pelo menos, manter viva a retórica da fé, que pode ser exercitada como linguagem. Quando isso acontece, a ortodoxia transforma-se num estilo.

Dessa retórica da fé há indícios suficientes nas cartas. Um deles é a utilização, por parte de Oswald, de conceitos de Nietzsche, citado numa das missivas, e que, estranhos à filosofia tomista, tão exaltada [11], comprometem a pureza da doutrina. Leitor de Nietzsche, o poeta transfere, para o cristianismo, com a intenção de ressaltar-lhe a origem divina, a idéia de aristocracia do espírito, idéia polêmica que o pensador de *Anti-Cristo* opôs às religiões de salvação. O manifesto antiliberalismo de Oswald assimila a condenação nietzschiana à moral do rebanho. Também, como se lhe fosse insuficiente a garantia da ordem sobrenatural, o católico Oswald recorre à repetição cíclica da história, à lei do *corso i ricorso,* que passaria, depois, a sustentar, em *A Crise da Filosofia Messiânica,* o esquema da evolução dialética da humanidade, retornando à cultura antropofágica das origens, após o momento negativo, antitético, da civilização patriarcal.

Outro indício de que a ortodoxia católica de Oswald talvez fosse uma afetação retórica da fé que ela já perdera, está no estilo mesmo de determinadas passagens das cartas, que trazem o germe do realismo humorístico de seu autor. Uma delas, particularmente, merece especial atenção.

Recapitulando, na primeira carta, as razões que tinha para admitir a falta de nexo entre o progresso material

---

11. "Diz você: 'A razão humana progride em outros territórios'. Não progride, meu caro, explora apenas outros terrenos, mas não passará nunca o termo fixado, na arte, pelos gregos e pela Renascença, na filosofia pela Idade Média. Conhece hoje muito maior número de detalhes, não há dúvida. Mas isso lhe dá a chave de incógnita que Aristóteles e Santo Tomás lhe deram?"

e o desenvolvimento moral da humanidade, Oswald escreve, numa peroração:

> Mil outros trechos de mil outros escritores convencerão você de que o mundo de hoje é o mundo de Péricles, Augusto, o mundo medieval, e o mundo das utopias científico-revolucionárias que acabou com o século passado. Há apenas intermitências de progresso e regresso, círculos e princípios que formam a base de novas babéis, novas confusões de línguas e novos rebanhos voltando a velhos caminhos. Nem se explicaria a unidade de vistas no julgamento da história e da arte de todo o tempo sem a unidade imutável da essência humana.

Dez anos depois, essa mesma passagem reaparece, invertida, em *Memórias Sentimentais de João Miramar,* como discurso do jornalista Machado Penumbra:

> Mil outros trechos de mil outros escritores convencer-vos-ão, senhores, que o mundo de hoje anda não só pior que o mundo debochado de Péricles e Aspásia, mas pior que o mundo ignaro do Medievo trevoso e pior até que o mundo das utopias científicas e revolucionárias de Revolução Francesa. Nessas intermitências de progresso e regresso, círculos de princípios que formam a base de novas babéis, novas confusões de línguas e novos rebanhos voltando a velhos apriscos, só uma lição nos assoberba, a lição severa da História!

A quem quer que conhecendo as *Memórias,* seja dado ler a carta de 1914, que contém a forma germinal da alocução de Penumbra, há de parecer, com justificadas razões, que Oswald parodiou hiperbolicamente, no romance, uma atitude mental e um estilo que tinham sido inerentes à fase de seu catolicismo. Mas por uma reversão do efeito sobre a causa, poder-se-á também supor que, então com 24 anos, o apologeta, pela necessidade de converter-se a si mesmo, afetava uma convicção que não lhe nascia mais espontaneamente, oferecendo-se, distanciado, o espetáculo do seu próprio pensamento. As idéias não seriam mais do que imagens adventícias; a dialética era retórica. O leitor incauto, que tentar identificar o católico Oswald, só consegue agarrar o estilo de Machado Penumbra. Tão católico quanto humorista, na medida em que praticou o jogo da ortodoxia, afetando o ardor e o rigor de uma crença que já entrava em crise, Oswald de Andrade, — João Miramar *avant la lettre,* — antecessor espiritual e pai de Serafim, escreveu nas cartas a Teodolindo, por baixo da estranha retórica de um fiel cristão aristocratizado por Nietzsche, um subtexto de imagens "Pau-Brasil". A respeito disso, Oswald foi, com a sinceridade da paixão intelectual, católico e tomista nessa fase, como seria antropófago em outra, marxista numa terceira, para voltar, depois, ao antropofagismo, em *A Crise da Filosofia Messiânica,* que data de 1950. De seu catolicismo arrebatado ele guardará então, conforme veremos, um núcleo teológico irredutível, relacionado com o que chamará, autorizado pelas leituras filosóficas abundantes a que se dedica já em 1947, de "sentimento órfico".

Defendendo, pois, em 1914, a idéia da essência espiritual do homem, destinado a realizar-se no plano divino, Oswald defronta-se, desde o período tomista, com a oposição entre natureza humana e história, que, nesse momento, se resolve pela absorção de ambas no plano trans-histórico da ordem sobrenatural. Essa oposição é substituída, em *A Crise da Filosofia Messiânica,* pela contradição dialética entre a *cultura antropofágica,* momento positivo que corresponde à Natureza, e a *cultura patriarcal,* momento negativo que corresponde à História, enquanto processo de civilização. Nas condições da sociedade industrial, favoráveis ao tribalismo da vida coletiva, quando os mecanismos psicológicos e sociais de repressão deixassem de funcionar, liberando as potências do instinto de posse e de domínio, e canalizando-as para a atividade criadora, artística e erótica ao mesmo tempo, dar-se-ia o retorno à cultura antropofágica, verdadeira suspensão da História, devolutiva da essência humana. Se a humanidade "descreve aquela diagonal do instinto para a razão", admitida pelo iluminismo de Castiglione, é para reconquistar o instinto. Como princípio de prazer, o instinto, que constitui a natureza humana, é o corretivo da razão, como princípio de realidade. Tangenciando a hipótese marcusiana, porque assim concebida a devolução do homem à sua essência significa a conciliação do princípio de prazer com o de realidade, Oswald entende, contudo, que o advento da cultura antropofágica liberaria também o sentimento órfico, que é, como elo efetivo e afetivo do indivíduo com os outros e com o mundo, o sentimento do Sagrado.

No limiar da nova cultura antropofágica, que assinala o fim da História, o indivíduo se reintegra à sua essência, encontrando, no sentimento órfico, o mediador das relações humanas. A sociedade ingressa na fase da utopia realizada. E a utopia, possibilidade de transformar a História em Natureza, de substituir o tempo linear dos acontecimentos pelo tempo cósmico e mítico da repetição, abrange, numa só ordem, a cultura naturalizada e a natureza socializada.

Mas não se poderá dizer que Oswald absorveu nessa totalidade indivisa e utópica do natural e do humano a ordem divina de sua primeira concepção. Tal ordem subsiste, mas como instância metafísica. Não é mais, por certo, a esfera decisória suprema da vida social nem o tribunal ético da humanidade. É o limite da consciência conflitiva, após a cessação dos antagonismos coletivos. Mantendo o primado da ordem utópica, por ele fundada e nele sustentada, o homem reconhece, através da percepção do Sagrado que o sentimento órfico lhe propicia, o *transcendente,* que lhe é estranho e que aceita na qualidade de seu único e definitivo antagonista. Entre a existência humana e a *transcendência* viria, por conseguinte, a estabelecer-se, no âmbito da utopia realizada, um novo relacionamento, de rebeldia espiritual, de transgressão voluntária, como desafio metafísico e como disputa ética do homem com Deus, seu eterno adversário.

Súmula do antiteísmo prático de quem a concebeu, está nessa idéia, do reconhecimento agônico ou agonal de Deus, o elemento teológico irredutível da concepção oswaldiana, elaborada na fase de maior e de quase exclusivo interesse do poeta pela filosofia. É o meridiano da devoração, da ansiedade ancestral, referido em *A Crise da Filosofia Messiânica,* e de que Oswald também falou no final da sua comunicação ao 1.º Congresso Brasileiro de Filosofia:

A angústia de Kierkegaard, o "cuidado" de Heidegger, o sentimento de "naufrágio", tanto em Mallarmé como em Karl Jaspers, o "Nada" de Sartre não são senão sinais de que volta a Filosofia ao medo ancestral ante a vida que é devoração. Trata-se de uma concepção matriarcal do mundo sem Deus [12].

---

12. OSWALD DE ANDRADE, "Um Aspecto Antropofágico da Cultura Brasileira — O Homem Cordial", in *Anais do Primeiro Congresso Brasileiro de Filosofia,* São Paulo, vol. 1.º, pp. 229/231, mar., 1950.

## 3. O RETORNO À ANTROPOFAGIA

A Antropofagia, que transportou para o campo das das idéias políticas e sociais o espírito de insurreição artística e literária do Modernismo, teve um estilo de ação — a agressividade verbal sistematizada, que revelam as descomposturas, os ataques pessoais, as frases-choque, os provérbios e fábulas, publicados nos 15 números da *Revista de Antropofagia* (2.ª fase), então sob o controle exclusivo do grupo que Oswald de Andrade liderava. Afetando o desprezo dadaísta pela literatura, mas usando a literatura como instrumento de rebelião individual, à maneira dos surrealistas, os nossos *antropófagos* foram críticos da sociedade, da cultura e da história brasileiras. Ideologicamente, eram contra as ideologias; opunham, segundo a fórmula do Manifesto de 28, que se insurgia contra as idéias "cadaverizadas", a liberdade individual ao dogma e a existência concreta ao sistema. Em declarado conflito com os padrões de comportamento coletivo, os antropófagos chegaram ao problema político pelo ideal utópico da renovação da vida em sua totalidade.

Oswald de Andrade conservaria, durante o período de sua militância político-partidária,c omo adepto do marxismo, o estilo de ação do movimento antropofágico que ele abjurou no famoso prefácio de *Serafim Ponte Grande*. Nos seis números do jornal *O Homem do Povo* — aparecido em 31, e que já pertencem a esse período, ressurgem as frases-choque, as provocações zombeteiras, as cenas satíricas, que prolongam a violência verbal da extinta revista. A rebeldia do homem natural, mito forjado pelo movimento antropofágico, é a linha de pregação revolucionária do escritor convertido em "casaca de ferro" do proletariado. Mas com esse estilo de ação, que acompanhou, vida afora, a atividade do poeta, subsistem ainda, como a arder em fogo brando, as idéias daquele movimento, mesmo depois do anátema lançado sobre aquele de seus romances, *Serafim Ponte Grande*, que melhor as representava. Salvo *A Escada* (1934), em que Jorge de Alvelos se converte, depois de liquidar suas últimas ilusões românticas, num servidor do povo, e a *A Morta* (1937), denuncia do *ersatz* burguês do sexo, as outras produções oswaldianas do período que se estende até 1946, reincorporam, como *O Rei da Vela* (1937), e *O Homem e o Cavalo* (1934), a substância ética e estética do Manifesto de 28, ou reconsideram-no, como *Chão* (1945) e *Ponta de Lança* (1945), de maneira crítica e objetiva.

No meio do movimento modernista apareceu alguma coisa tão rica e tão fecunda que até hoje admite várias interpretações,

diz um dos personagens do *Chão* referindo-se à Antropofagia. O que parece enigmático, àqueles que a discutem nessa cena do romance, é que a Antropofagia, potencialmente aberta à exaltação da força, à barbárie técnica e a Hitler, tenha levado os seus adeptos à doutrina marxista. Oswald já se manifestara surpreso diante do mesmo fato, ao dizer, em 1943, numa entrevista a Justino Martins [1], que a posição assumida em 28 "me jogou para o lado esquerdo, onde me tenho conservado com inteira consciência e inteira razão". Desde aí ele verá na Antropofagia o divisor de águas político do Modernismo. E precisando esse juízo, na conferência *O Caminho Percorrido,* que pronunciou um ano depois em Belo Horizonte, já poderia Oswald, recapitulando a sua experiência passada e integrando-a à história do Modernismo, afirmar que a Antropofagia

foi, na primeira década do modernismo, o ápice ideológico, o primeiro contato com a nossa realidade política porque dividiu e orientou no sentido do futuro [2].

A simpatia por esse episódio, a que se atribui, no processo do modernismo brasileiro, o relevante papel de diferenciador político, que descompartimentou a atividade literária e artística, pondo-a em conexão com a existência social como um todo, vem substituir a repulsa contra o "sarampão antropofágico", alardeado no prefácio de *Serafim Ponte Grande*. Mas Oswald de Andrade ainda nos fala do assunto em termos de experiência historicamente superada. E é só depois de *Ponta de Lança,* depois de ter rompido abertamente com a orientação partidária a que se mantivera fiel desde 1930, que ele vai reabrir o veio antropofágico de sua experiência passada, com a intenção expressa de atualizá-lo, dando-lhe a forma de uma concepção do mundo, destinada a absorver dialeticamente o próprio marxismo, e cuja síntese podemos

---

1. "Anda depressa, Timoschenko", "Entrevista com Oswald de Andrade, o Rabelais brasileiro", *Revista do Globo,* 9-10-1943.
2. "O Caminho Percorrido", *Ponta de Lança,* 2.ª ed., Rio, Civilização Brasileira, 1971.

encontrar na tese de concurso de 1950, *A Crise da Filosofia Messiânica*.

As razões circunstanciais que motivaram o rompimento de Oswald de Andrade com o marxismo ortodoxo por si só não explicam o retorno do poeta à velha antropofagia de 1928. E muito menos se pode compreender esse retorno, admitindo-se que foi simplesmente uma reviravolta "reacionária" dele, estimulado pelos filósofos existenciais que então começou a ler, quando já freqüentava o "Colégio" de Vicente Ferreira da Silva.

Não era caprichosa a volta à Antropofagia. Psicologicamente, o retorno à concepção basicamente definida no Manifesto de 28, foi uma espécie de volta compensatória ao tempo histórico do Modernismo, por meio da qual Oswald de Andrade, inseguro quanto ao destino de sua obra literária, quis afirmar-se perante a nova geração de intelectuais paulistas da década de 40, reconstituindo e retificando as linhas gerais do movimento de que fora o líder 17 anos antes. Era o modo de mostrar aos jovens, que já tinham outros mestres, e que liam Spengler aos vinte anos [3], o lado sério, estudioso do seu espírito. Quem criara *Serafim Ponte Grande* seria capaz de produzir *A Crise da Filosofia Messiânica*. Ressurgia nessa atitude, mas sob outra forma, a duplicidade da atividade literária de Oswald, dividida em duas linhas de criação em prosa — a série e a burlesca, a realista e a não realista, a psicologista e a humorística, alternando uma com a outra — *João Miramar* com *A Estrela do Absinto*, *Serafim*

---

3. A Paulo Emílio Sales Gomes: "A sua geração lê desde os três anos. Aos vinte tem Spengler no intestino. E perde cada coisa". Ver ANTÔNIO CÂNDIDO, "Digressão Sentimental sobre Oswald de Andrade". *Vários escritos*, São Paulo, Livraria Duas Cidades, 1970.

*Ponte Grande* com *A Escada*. A mesma necessidade de ser levado a sério, que lhe ditou o tom reverente e o conteúdo acadêmico de sua Conferência na Sorbone, *O Esforço Intelectual do Brasil Contemporâneo,* em 1923, levam-no então a escrever teses de concurso para ingressar no ensino universitário. O romancista e o poeta que ele era não apenas desapareceriam por trás de uma nova máscara — a do pensador e a do filósofo; mas refundiriam com essa máscara a imagem do passado. Era a tentativa para recuperar, em 1945, numa repetição kierkegaardiana, a rebeldia impetuosa de 22. A partir de 1945 e até 1950, data de *A Crise da Filosofia Messiânica,* as declarações e entrevistas de Oswald realçam, como em *Ponta de Lança,* aliás com certeira visão crítica e sem falsa modéstia, a decisiva participação que teve nos principais lances históricos do Modernismo brasileiro, e procuram estabelecer uma continuidade, impessoal e objetiva, que teria sido acidentalmente interrompida durante o período de militância político-partidária, entre o momento insurrecional de 1928 e o neo-antropofagismo recém-assumido.

Mas se Oswald pretendia essa recuperação no tempo, criando um artifício de *duração* latente para o antropofagismo — pedra de toque unificadora de todas as suas tentativas, de todos os seus caminhos percorridos, e que subsistiria, a despeito e através das ondulações de sua atividade intelectual —, estava ele, como homem de atitudes extremadas, comprometendo, numa última jogada, a sua própria existência. A necessidade de ser levado a sério pela nova geração era apenas uma razão psicológica limitada, que mobilizou o motivo da escolha, mas que não foi determinante do seu sentido. Na verdade, essa escolha já estava feita no momento mesmo em que Oswald se escolheu marxista. Era uma possibilidade latente, senão uma tentação contínua, para esse contraditório exemplar de animal político — capaz de aliar o fervor religioso de um missionário à indisciplina de um rebelde profissional — desde o momento em que repudiara *Serafim Ponte Grande* para servir à causa do proletariado, num prefácio autoflagelante. O autor se desculpava por haver escrito o romance e vinha ao mesmo tempo exibi-lo, para maior escarmento de sua culpa, sob o pretexto de que nele gravara o epitáfio do palhaço da burguesia que tinha sido. Mas o ato de contrição deixava incólume o objeto do repúdio. Ambíguo como toda culpa publicamente alardeada, valorizava a Antropofagia e, sub-repticiamente, a conservava na espontânea revelação do romance censurado. Foi o mecanismo que Geraldo Ferraz bem compreendeu, quando afirmou que o ato revolucionário de Oswald não era a explicação do Prefácio, mas a "publicação do livro em sua forma autêntica"[4]. Essa transigência inconsciente, no ato de publicação de *Serafim,* já franqueava ao romancista um caminho de retorno à Antropofagia, da qual nunca se desprendera completamente. Quando a ela retornou, representando a comédia do filósofo que sempre quis ser, e para, coisa tão a seu gosto, dar resposta aos ex-companheiros de luta política, Oswald de Andrade apenas retomava por uma via tortuosa, e sem abdicar do pensamento dialético que o marcara, a inquietação metafísica, senão religiosa dos anos de juventude, que brotava de "seu fundamental anarquismo".

---

[4]. GERALDO FERRAZ, Oswald de Andrade, Uma apologia e um libelo, *Jornal de Notícias,* 20-2-50.

Na última versão do antropofagismo, sintetizado em *A Crise da Filosofia Messiânica,* essa inquietação religiosa, completamente secularizada, converte-se na base impulsiva do ideal político de renovação da vida. Interioriza-se o estilo de ação do militante, unindo, num mesmo ato de Fé, a crença mítica no *homem natural,* fadado à liberdade, e a Esperança de realização iminente, sempre possível porque utópica, do reino da justiça e de amor sobre a terra. Era um desfecho irônico, que contrariava a tão ambicionada serenidade filosófica formal. Sem o saber, Oswald atingia-lhe o avesso poético: esse outro lado da filosofia, que confina com o pensamento selvagem.

Medida heterodoxa de uma inteligência, afeita a teorizações esquemáticas, a Antropofagia selou a definitiva aliança entre o inconformismo político de Oswald de Andrade e o fundo religioso e místico do seu espírito.

## 4. A CRISE DA FILOSOFIA MESSIÂNICA

Dois conceitos bastaram a Oswald de Andrade para traçar a esquemática filosofia de história que expôs em sua tese de concurso, *A Crise da Filosofia Messiânica* (1950) [1]: o Matriarcado e o Patriarcado como totalidades sócio-históricas. O Matriarcado inclui determinadas relações de parentesco (o filho de direito materno) e de produção (a propriedade coletiva do solo), correspondendo a relações sociais abertas (sociedade sem classes), incompatíveis com a existência do Estado. É um aforma orgânica de convivência, mais próxima da Natureza, atendendo aos valores vitais sintetizados na *atitude antropofágica* — a transformação do tabu em totem, como expressão afirmativa da práxis guiada por impulsos primários, ainda não reprimidos, e que se exteriorizariam, em sua natural pujança, na antropofagia ritual das sociedades primitivas. Como essa atitude é considerada básica, Oswald de Andrade associou o Matriarcado a uma cultura antropofágica, de índole orgiástica ou dionisíaca.

[1]. José Oswald de Souza Andrade (Oswald de Andrade), *A Crise da Filosofia Messiânica* — Tese para concurso da cadeira de Filosofia da Faculdade de Filosofia, Ciências e Letras da Universidade de S. Paulo, S. Paulo, 1950.

Já o Patriarcado forma o complexo cultural oposto; nasce do casamento monogâmico, da divisão do trabalho e da apropriação privada dos frutos do esforço coletivo; a sociedade que lhe corresponde é uma sociedade fechada, onde o Estado aparece e começa o ciclo da história como luta de classes [2].

E tudo se prende, diz Oswald de Andrade, à existência de dois hemisférios culturais que dividiram a história em Matriarcado e Patriarcado. Aquele é o mundo do homem primitivo. Este o do civilizado. Aquele produziu uma cultura antropofágica, este uma cultura messiânica [3].

A cultura não desempenharia a mesma função nesses dois hemisférios. Na sociedade primitiva, é uma espécie de síntese vital, que exprime a totalidade das relações imperantes, sem a elas sobrepor-se. No mundo civilizado, porém, já se pode falar na existência de uma superestrutura cultural, que não somente se eleva muito acima das relações sociais afetivas, como também constitui o reflexo invertido dessas relações, gerando o sistema ideológico que tem por fim justificá-las e perpetuá-las.

De fato, enquanto a antropofagia é a *Weltanschauung* natural que exprime o Matriarcado, a cultura messiânica, correlato ideológico do outro sistema, disfarça e deforma, como o fazem as ideologias, aquilo que através delas se exprime. O messianismo é uma derivação

---

2. Oswald de Andrade segue de perto Engels, que, por sua vez, seguia Bachofen: "A derrubada do direito materno foi a grande derrota histórica do sexo feminino" (ENGELS, *Da Origem da Família, da Propriedade Privada e do Estado*, Rio, Editora Calvino, 1944, p. 79). Na mesma obra, Engels escreve que a monogamia, associada à escravidão e à propriedade privada, é "a forma célula da sociedade civilizada sobre a qual podemos estudar a natureza das contradições dos antagonismos que têm aí seu pleno desenvolvimento" (p. 90).
3. *A Crise da Filosofia Messiânica*, de Oswald de Andrade (p. 6).

intelectual ou espiritual da ascendência paterna, do poder do pai, que assegura o domínio de uma classe sobre outra e a autoridade política do Estado. Como reflexo dessa transferência na mente dos homens, surge a idéia da divindade providencial, do ser eterno criador ou garantidor, ao mesmo tempo, da ordem do universo e da ordem da sociedade, idéia que fundamentou a metafísica tradicional e que, antes desta, já triunfara com as religiões monoteístas, de onde proveio a moral da Obediência, depois convertida, sob o influxo da mensagem evangélica, na moral de escravos de que Nietzsche falou, e cujo poder revolucionário destruiu a estrutura do mundo antigo. Mas essa nova ética não se imporia, se das relações inerentes ao Patriarcado, que continham os germes do capitalismo e da moralidade burguesa, não tivesse decorrido a repressão dos impulsos agressivos, livremente exteriorizados no regime sócio-cultural do Matriarcado [4].

Foi exaltando a monogamia e praticando a ascese, aspectos que se conjugam com os elementos escatológicos e soteriológicos do cristianismo, que o sacerdócio, contra o qual Oswald de Andrade repete as críticas de Nietzsche, orientou e conduziu esse processo de repressão. A operação metafísica — a transformação do tabu em totem

---

4. O leitor deve ter notado que O. de A. emprega livremente, sem disciplina científica, os termos Patriarcado e Matriarcado. Sua liberdade é maior em relação ao Matriarcado, no qual engloba tanto o *matriarcado* propriamente dito quanto o sistema matrilinear do parentesco. O primeiro, como fase pré-histórica da organização social e política, era postulado da antropologia de inspiração evolucionista, hoje superada. A matrilinearidade aparece, entre as populações primitivas, com menos freqüência que a patrilinearidade, e, quando aparece, não envolve necessariamente o prestígio exorbitante da mulher ou o exercício de mando e de poderes de chefia por parte dela, como pressupunha a hipótese do matriarcado primitivo. Vide ROBERT LOWIE, *Primitive Society*, Nova York, Harper & Brothers, 1961, p. 189.

— é substituída pelo recalcamento oriundo das instâncias censoras do Superego. Imagem aumentada da autoridade paterna, o Superego projeta-se, como no monoteísmo hebreu, num plano transcendente, tornando-se o conteúdo real do Ser verdadeiro de Platão e Aristóteles, na síntese do pensamento cristão elaborada do século IV ao XIII.

A um mundo sem compromissos com Deus, sucedeu um mundo dependente de um Ser supremo, distribuidor de recompensas e punições. Sem a idéia de uma vida futura, seria difícil ao homem suportar a sua condição de escravo. Daí a importância do messianismo na história do patriarcado.

Essência sublimada do Patriarcado, o messianismo abrange, na extensão com que Oswald de Andrade emprega esse termo, todas as concepções-do-mundo, de sentido religioso ou político, em que a recuperação da existência humana alienada fica dependendo de um termo mediador que a transcende, impondo-lhe uma sobrevivência de caráter sobrenatural (escatológico) ou coletivo (histórico). São messiânicas, pois, as filosofias comprometidas com a idéia de Deus ou aquelas que, embora se divorciando dessa idéia, inventam sucedâneos para ela, como "a dogmática obreira" da URSS, "que lembra, em síntese, a Reforma e a Contra-reforma", e que constitui "o último refúgio da filosofia messiânica, trazida do céu para a terra"[5].

À luz desse conceito amplo de messianismo adquire sentido o balanço crítico da história da filosofia, levado a efeito na tese de Oswald de Andrade, para mostrar

---

5. "Quem poderia prever, quem ousaria sonhar, que o messianismo em que se bipartiu a religião do Cristo (Reforma e Contra-Reforma) iria medrar no terreno sáfaro das reivindicações materialistas do marxismo?" — O. de A. *A Crise da Filosofia Messiânica* (p. 71).

que a filosofia messiânica, abalada por crises sucessivas, está prestes a desaparecer, em proveito de uma nova cultura antropofágica, cuja função é reintegrar no seio da sociedade industrial tecnizada, as estruturas primitivas do Matriarcado [6]. As condições da própria sociedade industrial impulsionam essa negação do Patriarcado e da cultura messiânica que o acompanha.

O primeiro indício de tal mudança foi a regressão do prestígio religioso do sacerdócio, consumado pela Reforma, que deu força moral ao capitalismo com o qual se associou, facilitando-lhe a ascensão, conforme, aliás, o ponto de vista desenvolvido por Max Weber [7]. Por outro lado, a crescente socialização (incluindo as técnicas e as legislações sociais a que se refere Oswald de Andrade), a decadência do casamento monogâmico, que a burguesia sustenta com as muletas da prostituição e do adultério, a crise do sistema de parentesco que daí se origina, a tecnocracia prenunciando a substituição do Estado como governo pelo Estado administrador dos bens coletivos, e o império da economia planificada por um colegiado de diretores, nos moldes de *A Revolução dos Gerentes,* de James Burnham — tudo isso leva Oswald de Andrade a profetizar "a restauração tecnizada" da cultura antropofágica.

A história, assim, divide-se no movimento em três tempos de uma dialética simplificada e simplista, em que a negação do Matriarcado pelo Patriarcado encontra sua

---

6. Com tudo o que essas estruturas conteriam, segundo O. de A. Como se vê, ele fez do Matriarcado, — e isso arbitrariamente — uma forma cultural, um *paideuma*, cujos aspectos, a propriedade coletiva do solo, a liberdade sexual, etc. seriam partes correspondentes de uma totalidade sócio-histórica.

7. MAX WEBER, *La Etica protestante y el espiritu del capitalismo,* Madri, Ed. Revista del Derecho Privado.

síntese final no advento futuro e inevitável de uma nova antropofágica. O primeiro momento corresponde à tese do homem natural, o segundo à antítese do homem civilizado, e a *negação da negação* ao novo tipo que se chama o homem natural tecnizado. Nesse aparente movimento dialético, cada corrente social e filosófica cumpre o papel que as circunstâncias objetivas históricas lhe destinaram.

O misticismo plotiniano, a filosofia da Natureza, no Renascimento, Spinoza, e, em nossa época, a dialética viva, mas não o marxismo-leninismo como filosofia estatal, são os resíduos da *Weltanschauung* matriarcal. Dentre os movimentos filosóficos mais recentes Oswald de Andrade, que reconhece a importância de Hegel, por ter ele introduzido, na filosofia, com o processo de negatividade, a dimensão do tempo, acusa a fenomenologia de tentar, através do essencialismo e da egologia de Husserl, a restauração do Ser absoluto, ao contrário do existencialismo, que recoloca o homem "em sua ansiedade ancestral", e tem, por isso, mais afinidade com a cultura antropofágica [8].

Nessa transformação social e ideológica, movida por uma dialética descarnada, que é mais um processo evolutivo, gradual e necessário, o marxismo e a psicanálise cumprem uma mesma função de *desmascaramento,* o primeiro revelando a infra-estrutura econômica da realidade social e o segundo a infra-estrutura psicológica dos impulsos primários, recalcados ou transformados. Vê-se que o estado da política da Rússia, à época da elaboração da tese de Oswald, afetou profundamente o julgamento do autor a respeito do marxismo. Oswald reduz o pensa-

---

8. *A Crise da Filosofia Messiânica* (p. 66 e ss.).

mento de Marx à elaboração teórica do Partido Comunista da União Soviética e diz que não há mais nada a esperar dessa doutrina. Entretanto, continuarão sendo marxistas as principais categorias de que nosso romancista filósofo se vale para interpretar a história. Quanto à psicanálise, que não chegou às últimas conseqüências das descobertas do superego, é paternalista em sua essencia, e não poderá subsistir fora dos limites da cultura patriarcal e messiânica.

Duas linhas diferentes de pensamento se entrecruzam nessa curiosa tese de concurso e acabam por confundir-se: uma crítico-histórica, dependente de Hegel, Marx, Engels, Dilthey, Max Weber e Mannheim; outra, mítica, de consistência ideológica, condensada numa utopia, que nos traz de volta o movimento antropofágico, ao qual Oswald pretendeu dar um sentido universal, dentro de uma perspectiva não só histórica, mas também, segundo veremos, psicologista e esteticista. Mas é na convergência dessas duas linhas, estranha associação de pensamento mítico e de pensamento crítico, que podemos encontrar o justo valor do ensaio filosófico do nosso poeta.

Em *A Crise da Filosofia Messiânica* Oswald mitificou os conceitos de Patriarcado e Matriarcado, e conceptualizou o mito da Antropofagia, que é o fundamento de sua tese — o *a priori emocional* em que ela se baseia inteiramente [9].

---

9. A tese começa pelos conceitos de antropofagia ritual e Matriarcado. As idéias essenciais continuam sendo as do Manifesto Antropófago de 1928 (*Revista do Livro*, n.º 16, dezembro, 1959). A respeito da persistência da atitude antropofágica em O. de A., veja-se de Oliveira Bastos, Oswaldo de Andrade e a Antropofagia, Suplemento Literário do *Jornal do Brasil*, 20-10-57. A simples ligação do Matriarcado com a antropofagia basta para mostrar o duplo processo de conceptualização e mitificação. Os tupinambá, que praticavam a antropofagia ritual (MÉTRAUX, *La Réligion des Tupinamba*,

A atitude antropofágica, firmada no Manifesto de 1928, sofreu em *A Crise da Filosofia Messiânica,* uma forte influência do esteticismo nietzschiano. Muito próximo do Nietzsche de *A Origem da Tragédia,* para quem a existência, em sua tragicidade, torna-se um fenômeno estético, e a arte um meio de "devorar" o conteúdo trágico da vida, a antropofagia, nessa versão de 1950, é uma filosofia trágica, que incorpora a psicologia orgiástica integrante dos ritos de sacrifício, ligados às matrizes primordiais das relações religiosas entre o homem e o universo [10]. O homem da cultura antropofágica, assumindo a dureza de Zaratustra, afirma dionisiacamente a sua vontade de poder; "devorando" o que há de trágico na existência, transforma todos os tabus em totens, isto é, em valores humanos e em obras de arte.

Sob o aspecto ideológico, *A Crise da Filosofia Messiânica* assinala um recuo da atitude revolucionária nitidamente assumida por Oswald de Andrade nas peças do seu teatro de vanguarda, sobretudo em *O Rei da Vela* (1937), para uma posição reformista, que se traduz no singular transformismo histórico por ele esposado. Talvez que esse retrocesso, que o fez buscar apoio em *A Re-*

---

Paris, 1928, p. 125), não conheciam nem o matriarcado nem o parentesco matrilínear, nem deram à mulher posição de relevância social (FLORESTAN FERNANDES, *A Organização Social dos Tupinambás*, Inst. Progresso Edit. p. 132/134).

10. Só como fenômeno estético a existência e o mundo se justificam eternamente, exclama Nietzsche em *A Origem da Tragédia*. Nietzsche, que não figurava em 1928, nos antecedentes do movimento antropofágico, contribuiu, para a nova formulação, com o dionisíaco de *A Origem da Tragédia*, a domesticação do homem, em *A Genealogia da Moral*, a idéia de justiça como desenvolvimento do afã de vingança, em *A Vontade de Potência*, a psicologia orgiástica ligada à filosofia da tragédia em *O Crepúsculo dos Ídolos*, e a vida como assassínio permanente, em *A Gaia Ciência*. Por outro lado é em Nietzsche que Oswald de Andrade foi buscar o seu desprezo por Sócrates e a inspiração para a sua crítica do sacerdócio ocidental.

*volução dos Gerentes,* de James Burnham, o místico do imperialismo norte-americano, tenha sido produto de uma reação extrema e justificável contra o patriarcalismo stalinista, que exacerbou o fundo messiânico do marxismo.

Mito de restauração, o Matriarcado de Oswald de Andrade, também sintetiza o horizonte utópico das possibilidades humanas condicionadas pelo desenvolvimento da máquina em nosso tempo. Numa sociedade planificada, em que o progresso material assegure a todos uma grande margem de ócio, a existência humana, desafogada da luta pela satisfação de suas necessidades primárias, passará a ser atividade gratuita e criadora. O homem natural tecnizado será o *homo ludens,* detetor do *ocium cum dignitate* [11].

Com isso, Oswald de Andrade ultrapassa a reação antimecanicista, o repúdio à técnica de que se fizeram arautos os melhores poetas do Modernismo, procurando pensar a máquina como elemento da nossa realidade em mudança. No próprio Manifesto Antropófago já havia um claro esforço nesse sentido.

---

11. Pierre Ducassé mostra-nos que a civilização técnica poderá trazer-nos o conforto relacionado com o aproveitamento do tempo. Afirma (Technocratie ou sagesse? in *L'Invention humaine,* Paris, Albin Michel), que o fim da civilização moderna é o ócio. "Notre technique ne nous libère que si elle nous apprend le bon usage du temps", pp. 230/31.

## 5. A MARCHA DAS UTOPIAS

Responsável por dois importantes manifestos do nosso Modernismo, o Pau-Brasil (1926) e o Antropófago (1928), Oswald de Andrade deixou-nos uma trilha de inquietação intelectual, que vai da poesia ao romance, do artigo polêmico ao ensaio filosófico. É em *A Crise da Filosofia Messiânica* (1950) que ele, após examinar a decadência simultânea do Patriarcado e do pensamento filosófico ocidental, prevê o advento de uma sociedade em que a técnica, libertando o homem do trabalho material, devolve-o ao estado de comunhão com a Natureza, que o primitivo viveu, no ócio das florestas do Novo Mundo...

A sociedade que advirá do pleno domínio da técnica é, paradoxalmente, muito nova e muito velha: muito nova, porque viria substituir as até aqui perduráveis instituições patriarcais, que formam o ciclo de cultura marcado pela concepção messiânica do mundo, paralela à civilização; muito velha porque, graças à absorção da força de trabalho pelas máquinas, que se põem a funcionar sozinhas, como os fusos de Aristóteles, essa sociedade traria de volta o parentesco materno, a propriedade coletiva, o ócio lúdico e festivo, partes da mesma atitudedo primitivo, geradora dos tabus, dos totens e da antropofagia, que correspondeu a outro ciclo de cultura, reprimido e soterrado pela civilização.

A última armadilha da História é servir-se da civilização para transportar-nos à pré-história. Assim, a dialética do trabalho conduziria ao ócio; a acumulação de riquezas, no auge de suas possibilidades, forçaria o aparecimento de esquemas coletivistas, que lembram a mítica Idade do Ouro, retrojetada num passado imemorial.

No fundo de todas as religiões, como de todas as demagogias, escreve o criador de *Serafim Ponte Grande*, está o ócio. O homem aceita o trabalho para conquistar o ócio. E hoje, quando pela técnica e pelo progresso social e político, atingimos a era em que no dizer de Aristóteles, os fusos trabalham sozinhos, o homem deixa a sua condição de escravo e penetra de novo no limiar da Idade do Ócio. É um outro Matriarcado que se avizinha.

A Idade do Ócio é a Idade de Ouro transposta do passado mítico para o futuro utópico. Na tese de Oswald de Andrade, *A Crise da Filosofia Messiânica,* mito e utopia se unem sob a mediação do Matriarcado, da antropofagia e da técnica.

O Matriarcado representa a unidade social da vida primitiva, sem propriedade privada, sem classes sociais e sem Estado; a antropofagia define o impulso religioso que espontaneamente produz, como sentimento órfico que é, os tabus e os totens. As relações matriarcais e antropofágicas comporiam então o *status* do homem natural, que a divisão do trabalho rompeu, dando origem ao Patriarcado. Encontramo-nos ainda no ciclo do Patriarcado, onde o messianismo, o individualismo e a acumulação capitalista, condicionaram o surto industrial e técnico do mundo. Mas são as forças crescentes da própria industrialização que escavam os alicerces desse ciclo, acenando-nos com a promessa, já materializada nos indícios de unificação física e mental da humanidade pelos mesmos meios de transporte, comunicação e informação, de uma nova era em que, cessados os antagônimos entre o trabalho e a propriedade, as normas sociais e as aspirações individuais, a autoridade do Estado e a liberdade do indivíduo, o homem reconquista, através da produção planificada e socializada, o ócio inerente ao primitivo matriarcado. Com o advento do *homem natural tecnizado,* que é a síntese dialética do tipo ancestral, antropofágico e do tipo civilizado, messiânico, fecha-se uma longa fase da aventura humana. A nova era, sujeita a maiores riscos, conseguiria harmonizar a sempiterna herança primitiva com as ilimitadas possibilidades de transformação do planeta e da espécie, pela ação conjunta das ciências e da técnica.

*A Crise da Filosofia Messiânica* baseia todo esse processo, que vai do Matriarcado primitivo ao Patriarcado, para depois da superação deste retornar a uma diferente e renovada expressão daquele, no esquema triádico abstrato de *tese, antítese,* e *síntese.* Mas vê-se bem que a tese, o Matriarcado do homem natural, aí funciona como *mito de origem,* do qual o movimento dialético nos afastou, desenrolando as suas contradições, até cessar na utopia da existência social plenamente recuperada. Tal recuperação importa num retorno ao *estado de natureza* e, portanto, numa volta às origens. Pela reconquista do ócio primitivo, que o progresso técnico assegura, as duas perspectivas, a mítica e a utópica, terminam coincidindo.

O pensamento de Oswald de Andrade, que já nesse ensaio de 1950, onde Matriarcado e Patriarcado são categorias históricas decisivas, era deliberadamente utópico, deixava porém de lado a análise do valor e do papel desse elemento projetivo das idéias sociais, a *utopia,* que transcende o presente, em razão de expectativas racionais quanto ao futuro da sociedade. E foi só nos artigos da série *A Marcha das Utopias* que Oswald de Andrade, como legítimo explorador de idéias, à busca de conceitos que lhe permitissem circunscrever por outros ângulos os princípios de sua concepção social e política, dedicou-se ao exame desse assunto, que estava desde 1928 integrado, como tendência fundamental, ao movimento antropofágico.

As idéias desses artigos são basicamente as mesmas da tese de 1950. O que muda é o ângulo escolhido para análise dos movimentos e tendências históricas, de cujo embate dialético resulta a perspectiva utópica da vitória do ócio sobre o negócio. Afirmando a existência de um ciclo das utopias, que durou do século XVI até à segunda metade do século XIX, Oswald de Andrade situa-lhe a origem nas próprias nascentes do Humanismo moderno e na experiência da descoberta do Novo Mundo.

A descoberta do Novo Mundo foi a descoberta desse outro homem, nu e primitivo, de que as cartas de Vespúcio, avidamente lidas na Europa, traçaram a imagem, aproveitada por Montaigne e pela *Utopia* de Thomas Morus: um ser que vivia "sem lei, sem rei, sem fé", na ignorância do pecado e em *estado de natureza.* Assim, o Humanismo, que "sempre se liga à idéia de uma volta da cultura ao humano, de um retorno do homem a si mesmo", impregnou-se dessa imagem, que passou a exemplificar a vinculação originária da nossa espécie com a Natureza, cujas leis, mais próximas das exigências da razão do que as normas e convenções da vida civilizada, não poderiam inclinar-nos ao Mal. Ora satirizando pelo riso de Rabelais e de Erasmo, ora compreendendo, como em Montaigne, as imperfeições e loucuras da espécie, o Humanismo sempre opôs à realidade humana tal como é, a idéia do homem tal como deveria ser. Desse modo, a concepção humanística, que crê na liberdade e que ao homem provê dos meios intelectuais para libertar-se dos preconceitos, dos *idola,* da coação social e da opressão política, está a serviço da tendência utopista, a qual, muito embora tenha despontado na Antiguidade Clássica (Platão) e Hebraica (os profetas), renasceu sob o impacto da descoberta da América.

Tenho a impressão, pondera Oswald de Andrade, referindo-se ao século XVI, de que o encontro da humanidade nua da descoberta muito influiu sobre o movimento geral das idéias naquele instante histórico. Saber que do outro lado da terra se tinha visto um homem sem pecado nem redenção, sem teologia e sem inferno, produziria não só os sonhos utópicos, cujo desenvolvimento estamos estudando, mas um abalo geral na consciência e na cultura européias.

Semelhante amplitude na concepção do Humanismo levará o nosso poeta a idealizar o conteúdo utópico de determinadas correntes, a exemplo da Contra-Reforma, e a atribuir sentido, na marcha das utopias, a episódios, como

nossa luta nacional contra a Holanda e o tratado de Westfalia que, depois da Guerra dos Trinta Anos, jogava por terra as pretensões da Áustria de absorver a Alemanha, abrindo, para a Reforma, os horizontes estatais do imperialismo germânico;...

É que no século XVI, e a partir daí, ter-se-ia verificado o confronto entre duas concepções do mundo, uma, com raízes utópicas, gerada na velha sementeira do Matriarcado, outra messiânica, ligada ao Patriarcalismo, a que a Reforma, herdeira da inflexibilidade ética e religiosa dos hebreus, deu novo vigor. Enquanto, no horizonte da história européia, a Reforma, favorável ao individualismo, propícia ao espírito de acumulação dos bens terrenos, constituir-se-ia num fator ético do Capitalismo, o que significa afirmar que ela também foi uma força do progresso industrial e técnico, a Contra-Reforma, refletindo os traços políticos e sociais da vida comunitária da Idade Média, bem como os vestígios da presença árabe na Europa, propagou, ao mesmo tempo, a religião e a utopia.

Os jesuítas trouxeram-nos uma "religião de caravela"; eles teriam assimilado a capacidade de adaptação dos árabes, empregando-a na obra de catequese. Fundadores da "república comunista cristã do Paraguai", estimularam os brasileiros mestiços, numa luta que se tornou simbólica, a derrotar os holandeses, louros e protestantes. Foi essa guerra, afirma-o Oswald, o campo de batalha no qual a tendência luterana, representante da economia, da poupança e do negócio, perdeu para a concepção nativa que, dado o aparente ócio dos nossos primitivos, que a imaginação de Vespúcio interpretou como disponibilidade edênica ou propensão epicurista, já era naturalmente etópica.

Na guerra holandesa vencia, evidentemente uma compreensão lúdica e amável da vida, em face dum conceito utilitário e comerciante. O Brasil compusera-se de raças matriarcais que não estavam distantes das concepções libertárias de Platão e dos sonhos de Morus e de Campanella. Era o ócio em face do negócio.

A oposição entre ócio e negócio, mais uma das muitas oposições conceptuais em que Oswald mostrou-se fértil (matriarcado/patriarcado, antropofagia/messianismo, cultura jesuítica/cultura reformista, individualismo/coletivismo) transforma-se, como as utopias clássicas ilustram, numa das contradições vitais da história, enfeixando a possibilidade dialética da síntese social de que estaríamos nos aproximando: a industrialização, refinada pelo progresso técnico da automação, cria a pletora dos bens e poupa a força de trabalho, desviada do grosso das atividades produtivas para o recreativo, o lúcido e o artístico.

Essa curiosa contradição, que a condição do ócio é o trabalho, figurou no miolo das utopias.

A contradição tende a resolver-se hoje, ao mesmo tempo em que se decide a sorte do Patriarcado, prestes a ceder lugar às estruturas matriarcais e a outros elementos da vida primitiva, valorizados pela consciência artística moderna.

Trata-se apenas de resolver um problema — o da conquista do ócio.

Seduzido pelas analogias que entre si apresentam certas idéias, correntes religiosas e tendências filosóficas, analogias rapidamente convertidas em relações essenciais, Oswald de Andrade corre de generalização a generalização, numa dança de conceitos, extremamente célebre e sugestiva, mas que abstrai as exigências do método histórico e despreza as lacunas lógicas que vai deixando pelo caminho. Os jesuítas passam, na imaginação de Oswald, à situação de herdeiros espirituais dos árabes. O Brasil, onde aportou a "religião das caravelas", é a primeira promessa de utopia realizável, quando não a "utopia realizada, bem ou mal, em face do utilitarismo mercenário e mecânico do Norte".

Não devemos, porém, incriminar Oswald de Andrade, que não foi um filósofo puro, nem sociólogo ou historiador, por esses pecados de inconsistência lógica e de improvisação intelectual. Ele foi, tal como se disse de Fernando Pessoa, um "indisciplinador de almas", um agitador de idéias, que participava emocionalmente dos temas de que se ocupou, que os vivia, na forma de problemas urgentes e imediatos interligados, problemas que transgrediam a reflexão pura para exigir atitudes práticas do teorizador social, também romancista e poeta, atento à rapidez das transformações da vida humana em nossa época. Por outro lado também, o que é muito importante considerar, Oswald de Andrade reconhecia a impossibilidade da reflexão teórica que desatendesse às condições *a priori* de ordem emotiva, a que o pensamento está sujeito, a primeira das quais é o sentimento órfico, gerador de mitos, constante da existência individual e social.

Parece que Oswald de Andrade abriu-se conscientemente a esse sentimento órfico, não hesitando em utilizá-lo como um instrumento de sondagem, quer do passado, de onde procurou extrair os sinais do compromisso do homem com uma concepção do mundo arcaica, sintetizada na *antropofagia,* quer do futuro, onde ele projetou, na forma da sociedade do ócio tecnicamente obtido, o escopo de todas as utopias, que é, do ponto de vista sociológico, "o fenômeno social que faz marchar para frente a própria sociedade". Importava-lhe justamente essa marcha para a frente, impulsionada por todos aqueles movimentos, como o profetismo hebreu, a promessa evangélica, as heresias, o milenarismo de Joaquim de Fiori e a revolta de Thomaz Münzer, que o nosso autor não esqueceu de referir.

A utopia é sempre um sinal de inconformação e um prenúncio de revolta.

O inconformista Oswald, apegado à antropofagia, por ele formulada em 1928 no Manifesto, e reformulada em 1950 em *A Crise da Filosofia Messiânica* — o inquieto Oswald que escolheu o Matriarcado, não poderia tratar da marcha das utopias, sem que o seu próprio pensamento não se fizesse utópico para acompanhá-la.

Coleção ELOS

1. *Estrutura e Problemas da Obra Literária*, Anatol Rosenfeld.
2. *O Prazer do Texto*, Roland Barthes.
3. *Mistificações Literárias: "Os Protocolos dos Sábios de Sião"*, Anatol Rosenfeld.
4. *Poder, Sexo e Letras na República*, Sergio Miceli.
5. *Do Grotesco e do Sublime.* (Tradução do "Prefácio" de *Cromwell*), Victor Hugo (Trad. e Notas de Célia Berrettini).
6. *Ruptura dos Gêneros na Literatura Latino-Americana*, Haroldo de Campos.
7. *Claude Lévi-Strauss ou o Novo Festim de Esopo*, Octavio Paz.
8. *Comércio e Relações Internacionais*, Celso Lafer.
9. *Guia Histórico da Literatura Hebraica*, J. Guinsburg.
10. *O Cenário no Avesso (Gide e Pirandello)*, Sábato Magaldi.
11. *O Pequeno Exército Paulista*, Dalmo de Abreu Dallari.
12. *Projeções: Rússia/Brasil/Itália*, Bóris Schnaiderman.
13. *Marcel Duchamp ou o Castelo da Pureza*, Octávio Paz.
14. *Os Mitos Amazônicos da Tartaruga*, Charles Frederik Hartt (Trad. e Notas de Luís da Câmara Cascudo).
15. *Galut*, Izack Baer.
16. *Lenin: Capitalismo de Estado e Burocracia*, Leôncio Martins Rodrigues e Ottaviano De Fiore.
17. *Círculo Lingüístico de Praga*.
18. *O Texto Estranho*, Lucrécia D'Alésio Ferrara.
19. *O Desencantamento do Mundo*, Pierre Bourdieu.
20. *Teorias da Administração de Empresas*, Carlos Daniel Coradi.
21. *Duas Leituras Semióticas*, Eduardo Peñuela Cañizal.
22. *Em Busca das Linguagens Perdidas*, Anita Cevidalli Salmoni.
23. *A Linguagem de Beckett*, Célia Berrettini.
24. *Política, Jornalismo e Participação*, José Eduardo Faria.
25. *Idéia do Teatro*, José Ortega y Gasset.
26. *Oswald Canibal*, Benedito Nunes.
27. *Mário de Andrade/Borges*, Emir Rodríguez Monegal.
28. *Poética e Estruturalismo em Israel*, Ziva Ben Porat e Benjamin Hrushovski.
29. *A Prosa Vanguardista na Literatura Brasileira: Oswald de Andrade*, Kenneth David Jackson.
30. *Estruturalismo: Russos x Franceses*, N. I. Balachov.

Composto e impresso na
**IMPRENSA METODISTA**